Margit Lambach / Else Diehl

Das kleine 1 x 1 der Arbeit in Frauengruppen

Was will ich eigentlich mit meiner Gruppe erreichen? Was kann ich allein tun? Wie könnte ein Team entstehen? Wie leite ich ein Gespräch? Wie kann ich eine Bildbetrachtung so gestalten, daß der Funke überspringt? Wie wär's mit einem gemeinsamen Frauentag, einer Wochenendfreizeit, einem Fest?

Es gibt viele Fragen zu beantworten, wenn eine neue Frauengruppe das Licht des Gemeindelebens erblicken soll! Den Autorinnen sind sie immer wieder gestellt worden, und gemeinsam haben sie deshalb Dinge, die zum »kleinen 1 x 1« gehören, zusammengestellt. Manches fand sich schon im Werkbuch »Frauen« (hrsg. von Else Diehl und Elisabeth Wetter), hier liegt es, zusammen mit vielen neuen Anregungen und Ideen, überarbeitet und aktualisiert auch für Frauen vor, die sich ganz neu an die Arbeit machen.

Margit Lambach leitet seit zehn Jahren Frauenfrühstücks-Gesprächskreise und Bibellesegruppen für Mütter mit Kleinkindern. Sie lebt mit ihrer Familie in Melsungen bei Kassel. Margit Lambach ist auch die Herausgeberin des RBtaschenbuchs »5 x 5 zündende Ideen für Frauengesprächskreise«.

Else Diehl war Religionslehrerin und viele Jahre im Bibellesebund tätig. Als Rentnerin arbeitet sie ehrenamtlich in der Familien- und Frauenarbeit des Bibellesebundes, überwiegend in den neuen Bundesländern. Sie lebt mit erstem Wohnsitz in Dietzhölztal (Siegerland), mit zweitem Wohnsitz in Gera (Thüringen).

Margit Lambach / Else Diehl (Hrsg.)

Das kleine 1 x 1 der Arbeit in Frauengruppen

R. BROCKHAUS

RB*taschenbuch Bd.* 535

Umschlag: Dietmar Reichert, Dormagen
Gesamtherstellung: Breklumer Druckerei Manfred Siegel KG
ISBN 3-417-20535-2
Bestell-Nr. 220 535

Dieses Buch ist gedruckt auf 100 % Recyclingpapier

INHALT

Die Autorinnen:

DB - Dora Blum, Siegen
ED - Else Diehl, Dietzhölztal
EK - Dr. Erika Kimmich, Stuttgart
EW - Elisabeth Wetter, Wuppertal
GO - Gerda Orth, Eschenburg
GS - Gerti Strauch, Solingen
IG - Ilse Glebe, Biedenkopf
JK - Jutta Krätzner, Preetz
MB - Monika Büchel, Gummersbach
ML - Margit Lambach, Melsungen

reiche Gemeinschaft schaffen (siehe auch: Das seelsorgerliche Gespräch, Seite 23 ff.).

Um diese Ziele zu erreichen, sind entsprechende Schulungen und Tagungen sowie geeignete Literatur eine wesentliche Hilfe. Zusammenfassend könnte man von einem ABC-Programm sprechen:

A Atmosphäre schaffen in Haus, Gemeinde, Nachbarschaft und Beruf.
Abbauen von Vorurteilen im Blick auf Bibel und Glauben, im Blick auf Christen und Nichtchristen.
Anknüpfen, wo sich Kontaktmöglichkeiten ergeben.

B Betreuungsaufgaben in Familie, Gemeinde und Nachbarschaft wahrnehmen.
Besuche machen, wo es nötig ist oder Freude macht.
Beraten, wo es gewünscht wird (aber nicht aufdringlich).
Biblisches Wissen vermitteln.

C Christliches Leben - sonntags und alltags - einüben.
Christus verkündigen auf vielfältige Weise:
in Gemeindegruppen,
im persönlichen Gespräch,
in missionarischen Aktionen und
in der Seelsorge.

ED

II. Einige praktische Vorüberlegungen und eine kleine Schulung

1. Allein oder im Team?

a) Die Leiterin macht alles allein

Manchmal trägt eine Frau aus verschiedenen Gründen die Verantwortung für einen Kreis allein. Das hat Vorteile, aber auch Nachteile. Wer allein vorbereitet, kann sich intensiver mit den Bedürfnissen der Gruppe beschäftigen, ohne andere Gedanken mit einbeziehen zu müssen. Programmänderungen sind jederzeit ohne weitere Absprachen möglich, weil alle Fäden bei einer Person zusammenlaufen – und sie behält den Überblick. Der Nachteil ist, daß die Leiterin die ganze Last der Vorbereitung und Durchführung allein tragen muß; oft treten irgendwann Ermüdungserscheinungen auf, und die Überlastung wird spürbar. Manchmal kommt es inhaltlich zu einer einseitigen Ausrichtung, weil bereichernde Gedanken durch andere fehlen; auch die Gefahr von »Betriebsblindheit« ist relativ groß. Weil die Leiterin alles im Blick haben muß, fehlt ihr oft die Zeit für Details.

b) Teamarbeit

Obwohl es oft negative Erfahrungen mit nur einer »Leitungsspitze« gibt, kann man nicht generell überall Teamarbeit verlangen und als die Lösung hinstellen. Entscheidend ist in jedem Fall die Motivation zur Mitarbeit. Wenn irgend möglich, sollte Verantwortung gemeinsam getragen und Arbeit aufgeteilt werden. Die Vorteile gemeinsamer Arbeit sind offensichtlich: Verschiedenste Gaben kommen bei der Vorbereitung und der Gestaltung zum Zuge. Durch die Unterschiedlichkeit der Mitarbeiterinnen werden auch verschiedene Teilnehmerinnen intensiver angesprochen; die Mitverantwortung der einzelnen für »ihre« Gruppe wächst. Keine wird überlastet und kann auch einmal »Pause« machen. Das gemeinsame Arbeiten und Beten stärkt alle Mitarbeiterinnen für ihre Aufgaben. Aber es gibt auch Gefahren der Teamarbeit: Manchmal ist es schwierig, eine gemeinsame Linie zu finden, weil so viele unterschiedliche Ideen unter einen Hut gebracht werden müssen. Wenn Absprachen nicht klar und eindeutig getroffen werden, kommt es leicht zu Mißverständnissen, Kompetenzgerangel und Ärger übereinander.

c) Tips für ein gutes Miteinander

Aufeinander hören - offen sein für andere.
Miteinander reden und prüfen und beten.
Füreinander dasein und füreinander beten.

ED

2. Die Methodenfrage oder: »Wie fängt man's praktisch an?«

Allgemeine Grundregeln:

Neugierde, Interesse, Freude, Nachdenklichkeit wecken und wachhalten; Spannung erzeugen, Antworten suchen lassen, nicht sofort »liefern«! Nicht zu systematisch, zu wissenschaftlich, zu vollständig sein wollen! Wer eine Sache erschöpfend behandelt, wirkt erschöpfend! Fruchtbarer sind Denkanstöße.

Möglichst viele am Gespräch beteiligen: Stumme taktvoll um ihre Meinung fragen, allzu Redselige liebevoll bremsen.

Der Spontaneität Raum geben: Gut vorbereiten und planen – aber Freiheit bei der Durchführung lassen. Offene Gesprächsphasen gleich mit vorsehen; bei großen Kreisen vielleicht auch Gruppenarbeit für zehn bis fünfzehn Minuten. Nach Spontanphasen Ergebnisse bündeln (lassen)!

In der Regel nach zehn bis fünfzehn Minuten (und bei Ermüdungserscheinungen sofort) neue Impulse geben; Wechsel der Methode:

- erzählen/referieren,
- Austausch jeweils zu zweit oder dritt,
- Fragen stellen,
- still oder laut lesen,
- etwas aufschreiben – gemeinsam oder jede für sich allein,
- ein Bild oder einen Gegenstand betrachten,
- ein Lied oder Gedicht von MC oder CD vorspielen,
- Gruppenarbeit,
- usw.

Konzentriert laufende Arbeitsphasen natürlich nicht abbrechen!

Offene Fragen, präzise formuliert, sind auch Ergebnisse! Ein schlechter Schluß wäre dagegen ein planlos-zufälliges oder chaotisches Gesprächsende.

Die Gesprächsleiterinnen sollten auf Fragen vorbereitet sein, die nur bei Bedarf erörtert werden, wenn Teilnehmerinnen sie ansprechen.

Möglichst anschaulich sein, nicht nur in den Wortbeiträgen! »Denken ist interessanter als Wissen, aber nicht als Anschauen« (Goethe). Bilder, Gegenstände, vorbereitete Zeittafeln, MCs, CDs, Dias und Filme sind unschätzbare Hilfen. Arbeitsblätter können vorher kopiert und dann für jede Teilnehmerin ausgeteilt werden.

Persönliche Erfahrungen, Erlebnisse und Erinnerungen der Teilnehmerinnen haben Vorrang! Möglichst vieles davon sollte von den Verantwortlichen aufgenommen werden. Wenn Widersprüche (Erinnerungsfehler, unterschiedliche Beurteilung) auftreten: Streit vermeiden, sich gegenseitig mit verschiedenen Meinungen stehenlassen.

Die Vergangenheit nicht mit heutigem Wissen und den Maßstäben der Gegenwart beurteilen, sondern sie zu verstehen suchen. Aus der Vergangenheit lernen: Man sieht heute mehr (z.B. auch die Folgen), man sieht mit mehr Abstand.

Schlagworte vermeiden! Nichts forcieren! Denkanstöße sollen die Teilnehmerinnen noch lange begleiten und im eigenen Umfeld vertieft werden. Offene Fragen lassen sich bei späterer Gelegenheit wieder aufgreifen. (Auch Leiterinnen müssen nicht auf alles eine Antwort wissen!) Entscheidend ist es, das Denken und Danken in Bewegung zu setzen.

Auf historische Anlässe achten (Jubiläen, Gedenktage usw.)!

Auch andere Gruppen mit einbeziehen:

- Senioren als Zeitzeugen einladen oder besuchen, befragen oder erzählen lassen, evtl. ein Interview auf Kassette aufnehmen;
- Kinder und Jugendliche (Jungschar, Konfirmanden etc.) beteiligen (z.B. mit einer Spielzeugausstellung, Stadterkundung, Quiz);
- Gemeindefeiern und -jubiläen durch »historische Beiträge« bereichern (Schulen, Stadtbibliothek, Gemeindearchiv, Lokalzeitung, Kreisbildstelle/Landesbildstelle, kirchliche Ämter und ähnliche Einrichtungen anfragen; die meisten helfen und beraten gerne).

Frauenkreisarbeit darf man nicht mit Schulunterricht verwechseln. Das Interesse und die Leistungsfähigkeit der Teilnehmerinnen bestimmen den Inhalt, das Niveau und die Dauer unserer Gruppenstunden. Letztlich ist das Ziel all unserer Arbeit, daß wir die Geschichte als Handeln Gottes mit uns begreifen, als Seine Gabe und Aufgabe für uns.

EK

3. Wie führe ich ein Gespräch? - Allgemeines und Grundsätzliches

1) Allgemeine Hinweise

Der Mensch ist auf Gemeinschaft angelegt und wird beim Gespräch zum gemeinsamen Denken geführt. Wir üben uns darin, aufeinander zu hören und miteinander zu sprechen. Fragen, Zweifel, Erfahrungen und Meinungen werden im Kreis ausgesprochen und bedacht. Die Vielfalt bereichert.

Was nicht entstehen soll:
Streitgespräche und Debatten als Ausdruck von Rechthaberei, bei dem die »Gegnerin« fertiggemacht wird. In einer echten Diskussion werden Argumente des anderen ernst genommen, und man lernt voneinander.

Ein Lehrgespräch, das an Schule erinnert und die Teilnehmer wie Schüler behandelt, die abgefragt werden oder in ihrer Unwissenheit nun belehrt werden.

Ein Monolog - dabei entfaltet die Leiterin ihre Gedanken, und die Teilnehmerinnen kommen nicht oder fast nicht zu Wort.

2) Einige Arten der Gesprächsführung

a) Vortragsdiskussion

- siehe den Beitrag zum Thema Referat

b) Erfahrungsaustausch

Dies ist eine oft praktizierte Methode, weil jede Frau ihre Erfahrungen einbringen kann. Es geht dabei nicht um eine Beurteilung der einzelnen Beiträge als »richtig« oder »falsch«, sondern um das Zusammentragen von Erlebnissen und Erkenntnissen. Wichtig ist es dabei, subjektive Erfahrungen stehenzulassen und sie nicht zum Maßstab für alle zu erheben. Beim gemeinsamen Bibellesen oder beim Austausch von Lebens- und Glaubensfragen ist diese Art des Austauschs gut möglich.

c) Erinnerungsgespräch

Es ist besonders geeignet für ältere Teilnehmerinnen oder Frauen, die sich zunächst noch fremd sind. Bei gemütlichen Runden am Kamin oder um eine Kerze genügt dazu meist ein Stichwort als Einleitung, zum Beispiel: »Ich erinnere mich daran, wie ich einmal große Angst hatte«; »Als ich mich zum ersten Mal richtig für etwas verantwortlich gefühlt habe«, »Wie Weihnachten bei uns zu Hause früher gefeiert wurde«, »Was mir einmal als Kind Peinliches passiert ist«, »Wie mir ein anderer Mensch Mut gemacht hat« . . . Diese Form des Austauschs schafft schnell Kontakt und ein Gefühl der Zusammengehörigkeit.

d) Gedankenblitze (Brainstorming)

Sie sind sehr gut als Einstieg in ein bestimmtes Thema geeignet. Jede Frau kann ein Stichwort nennen, das ihr zu einer bestimmten »Überschrift« einfällt. Es wird nichts beurteilt; jeder Beitrag hat seine Berechtigung. Diese Methode ermutigt auch Schüchterne zum Aussprechen ihrer Gedanken, weil nicht einmal ein ganzer Satz, sondern nur ein Wort gefragt ist.

e) Rundgespräch

Ein Rundgespräch ist für kleinere und größere Gruppen gut geeignet. Ideal ist es dabei, wenn alle im Kreis sitzen und Blickkontakt zueinander aufnehmen können. Die Gesprächsleiterin sollte darauf achten, daß möglichst alle zu Wort kommen - sei es mit Anfragen, Rückmeldungen, Erfahrungen oder anderen Beiträgen.

f) Podiumsdiskussion

Verschiedene Teilnehmer, oft im Halbkreis vor dem Publikum sitzend, nehmen zu einem bestimmten Thema Stellung. Innerhalb dieser Gruppe erfolgt der Austausch. Wichtig ist hierbei die ausgewogene Moderation der Leiterin, damit die Diskussion kontrovers, aber sachlich geführt werden kann. Oft sind anschließend Rückfragen des Publikums zu den Diskussionsbeiträgen möglich.

g) Forum

Bei dieser Gesprächsrunde geben eingeladene Referenten ihre - oft aus unterschiedlicher Sicht vorgetragenen - Erfahrungen und Antworten an das fragende Publikum weiter. Auch hierbei ist eine gute Moderation nötig.

3) Das Gespräch

a) Einige Gedanken für die Leiterin

Sie sollte sich bemühen, alle Teilnehmerinnen mit ihrer Unterschiedlichkeit anzunehmen und ernst zu nehmen. Das wird den

Verlauf des Gesprächs wesentlich bestimmen. Güte und Offenheit sind dabei wichtiger als Redekunst und Wissen.

Die Gesprächsleiterin sollte versuchen, die Interessen der Frauen herauszufinden. Mit ihren eigenen Beiträgen sollte sie eher zurückhaltend sein, dafür mehr die Beiträge der Teilnehmerinnen aufgreifen und eventuell ergänzen. Schüchterne müssen ermutigt, allzu Redselige taktvoll gebremst werden.

Sie sollte sich um Sachkenntnis bemühen, muß aber keine »Fachfrau« sein und darf Wissenslücken offen zugeben. Was heute nicht geklärt wird, kann beim nächsten Treffen nachgeholt werden.

Auch der Raum ist wichtig: angenehme Temperatur, günstige Lichtverhältnisse und freundliche Gestaltungselemente (Kerzen, Decken, Zweige, Gestecke, Steine, Blumen) können eine Atmosphäre schaffen, in der man sich geborgen fühlt.

b) Für den Anfang

sollten möglichst solche Themen und Fragen gewählt werden, bei denen viele Möglichkeiten entfaltet werden können. Wortbeiträge aufgreifen, Humor walten lassen, zu einer entspannten Atmosphäre beitragen. Allgemein zum Gespräch ermutigen, aber auch zum Ausdruck bringen, daß jede das Recht hat, auch zu schweigen.

c) Im Verlauf des Gesprächs

Von Zeit zu Zeit die Beiträge ordnen und kurz zusammenfassen. Unklarheiten durch Rückfragen klären, Gemeinsamkeiten herausarbeiten, verschiedene Standpunkte als Möglichkeiten gegenüberstellen.

d) Zum Abschluß

Offene Fragen klären oder bis zum nächsten Mal zurückstellen;

Ergebnis und eine kurze Zusammenfasssung formulieren; eventuell weitere Gespräche vorschlagen oder im kleinen Kreis zur Vertiefung des Themas anbieten; gegebenenfalls auch persönliche Gespräche. Allen für ihre Beiträge und das gemeinsame Nachdenken und Mitarbeiten danken.

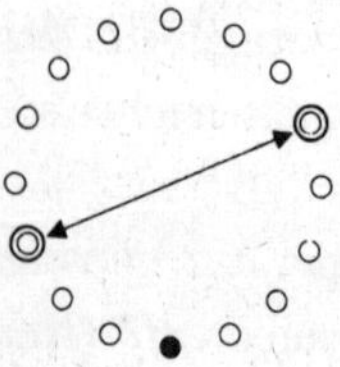

● = Leiterin
Zwei Teilnehmer beherrschen mit zuviel Beteiligung das Feld
= einseitig

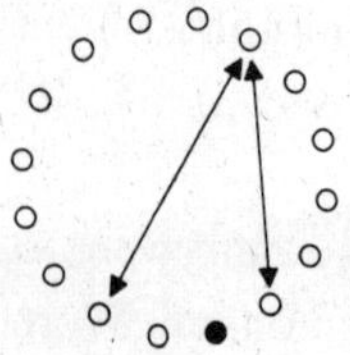

Teilnehmer geraten in Streit.
Die Leiterin greift nicht ein
= bedauerlich und peinlich

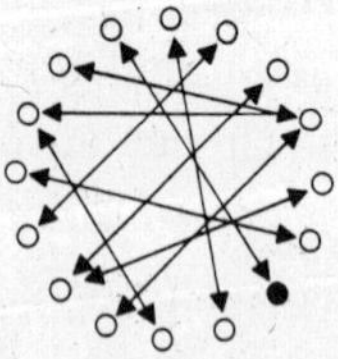

Alle sind beteiligt, die Leiterin koordiniert das Gespräch
= gut, empfehlenswert

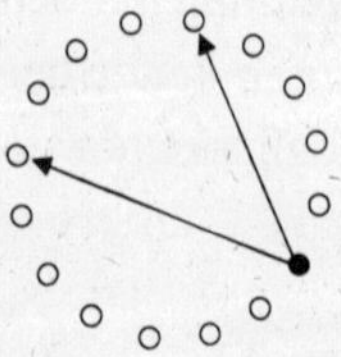

Die Leiterin spricht nur mit zwei Teilnehmern
= langweilig für die andern

ED

4. Das missionarische Gespräch

1) Das annehmende Verstehen-Wollen

Wenn wir unsere Gesprächspartnerin verstehen wollen, müssen wir ihre Lebenseinstellung kennen. Was denkt und fühlt sie, was möchte sie tun und sein? Was sind ihre Wünsche und Sehnsüchte, ihre Ängste und Sorgen? Verstehen wir die Frau, die um den Bestand ihrer Ehe kämpft, und den durch Krankheit einsam und bitter gewordenen Menschen? Sind sie lebenshungrig oder müde, gelangweilt oder gehetzt, gebunden oder frei? Wir müssen informiert sein, Sachwissen haben. Es würde schon vielen helfen, wenn sie wüßten, daß wir zu verstehen suchen, warum sie so sind, wie sie sind, und warum sie so reagieren, wie sie reagieren. Deshalb hören wir gut zu und stellen behutsam Fragen, wo unser Verstehen aussetzt.

2) Der Inhalt des missionarischen Gesprächs – oder: Was haben wir anzubieten?

Für manche »Frommen« besteht Mission im Weitergeben einer Summe von Lehren, Traditionen und Gottesdienstformen. Aber man sucht bei uns nicht Sitten und Gebräuche einer bestimmten Gemeinschaft, sondern lebendigen Glauben und Erfahrungen mit diesem Glauben. Kann ich etwas von meinen eigenen Erfahrungen mit Jesus weitergeben? Besteht mein Glaube nur aus einem Fürwahrhalten biblischer Aussagen? Oder stehe ich in einer lebendigen Beziehung zu Jesus Christus? Lebe ich mit ihm, durch seine Liebe, aus seiner Vergebung?

Echter Glaube ist Tat, kann also wahrgenommen werden.

Wenn unsere Mitmenschen an uns erkennen können, wie Liebe, Frieden, Freude, Geborgenheit, Lebenssinn und Lebensziel in unserem Leben aussehen, dann bemerken sie an uns etwas von dem Leben in Christus, das unser Leben heil, sinnvoll und reich macht. Was wir anzubieten haben, ist neues Leben aus Christus – nicht aus uns! Wir bezeugen Jesus Christus und die Notwendigkeit – und Möglichkeit! – einer lebendigen Beziehung zu ihm. Wir erklären, wer er ist, was er getan hat, wie man ihn persönlich kennenlernen kann, was er will. »Ich bin gekommen, daß sie das Leben im Überfluß haben sollen.«

3) Was wir bedenken müssen

a) Der richtige Zeitpunkt

Wir können nicht mit jedem zu jeder Zeit über alles sprechen. Gott bereitet Menschen vor und stellt sie uns in den Weg. Das kann geschehen, wenn wir auf dem Sprung zum Einkauf sind oder eben in der Küche etwas brutzeln. Viele Frauen können flexibel sein – und oft bedeutet das einfach, die leisen Impulse Gottes im Alltagsgetriebe wahrzunehmen und selbst eine wichtige Arbeit kurz zu unterbrechen. Wenn Gott uns Chancen gibt, dann müssen wir uns Zeit dafür nehmen und bereit sein, unsere Planung umwerfen zu lassen. Es sind Gottes Stunden, die wir nicht versäumen dürfen. Wir brauchen eine Sensibilität dafür, was hier und heute von Gott her »dran« ist.

b) Gute Anknüpfungspunkte

Mit Phantasie und Einfühlungsvermögen werden wir die richtigen Anknüpfungspunkte für ein Gespräch entdecken. Wir sollten versuchen, herauszufinden, was unseren Gesprächspartner wirklich interessiert. Oft genügt die schlichte, ehrliche Frage:

»Wie geht es Ihnen? Wie geht es Dir?« Gespräche führen heißt nicht nur reden, sondern vor allem zuhören. Wenn wir zuhören, lernen wir zu verstehen. Dann wird auch unser Gegenüber bereit sein, uns zuzuhören, wenn wir etwas sagen möchten.

c) Interesse wecken für die gute Nachricht

Zunächst sollten wir durch die Art, wie wir auf Lebensumstände reagieren, andere neugierig machen, zum Fragen locken. Wir können aber auch selbst Fragen stellen, zum Beispiel: »Sind Sie an religiösen Dingen interessiert?« oder: »Was stellen Sie sich denn unter Christsein vor?« Die Antwort gibt uns Einblick in das Denken unseres Gesprächspartners. Wir erklären, was die Bibel unter bestimmten Begriffen versteht und was sie für uns bedeuten.

d) Das Angebot Jesu unterbreiten

Wir verlieren uns leicht in endlosen Diskussionen, wenn wir nicht rechtzeitig davon sprechen, wer Jesus ist und was Jesus anbietet: Er vergibt mir meine Schuld. Er befreit aus Gebundenheit und Zwängen. Er beschenkt mit Frieden und Geborgenheit. Er gibt neue Freude und Lebenssinn. Er verwandelt mich. Er hilft mir, mich meinen Fehlprägungen zu stellen und sie abzulegen. Er begleitet und führt mich durchs Leben. Das Leben mit Jesus hat Sinn, weil es ein Ziel hat: die Gemeinschaft mit Gott für Zeit und Ewigkeit. Wir erzählen konkret, wie Jesus unser Leben verändert hat, womit er uns täglich neu beschenkt. Damit bringen wir die Einladung zum Glauben und zur lebensspendenden Gemeinschaft mit Jesus Christus in unser Gespräch ein.

e) Echt sein; negative Erlebnisse nicht ausklammern

Wir machen aber auch deutlich, daß ein Leben als Christ nicht nur »ein Wandern auf sonnigen Höhen« ist, sondern daß wir genau wie andere Menschen mit Leid, Krankheit und Problemen konfrontiert werden und daß auch wir auf viele Fragen keine Antworten wissen. Wir können aber sagen, daß wir uns mit allen Sorgen dem anvertrauen können, der unser Leben in seiner Hand hält, und daß uns diese Gewißheit auch in schweren Zeiten durchträgt.

f) Umgang mit dem Bekenntnis von Schuld und Sünde

Wenn Ihnen jemand von eigenem Fehlverhalten und von Schuld erzählt, seien Sie nicht entsetzt. Bitten Sie Gott im stillen Gebet um Verständnis und Liebe. Sprechen Sie so, daß die andere erkennt, auf welchem Weg ihr geholfen werden kann - ohne überhebliches, oberlehrerhaftes Verhalten. Gottes Liebe und Barmherzigkeit sind immer größer als alle Schuld, die wir auf uns geladen haben! Aus dem Bewußtsein heraus, daß auch wir als Christinnen immer wieder auf die Vergebung Gottes angewiesen sind, kann es uns leichter fallen, barmherzig mit dem Versagen anderer umzugehen (s. das Gleichnis vom Schalksknecht, Matthäus 18,21-35). Gott vergibt gern und freut sich über jeden, der zu ihm kommt, wie es in Lukas 15,7 beschrieben ist: »Genauso ist bei Gott im Himmel mehr Freude über einen Sünder, der ein neues Leben anfängt, als über neunundneunzig andere, die das nicht nötig haben.« Wir dürfen und sollen, wenn jemand seine Schuld bekennt und bereut, ihm auch die Vergebung von Gott her zusprechen (1. Johannes 1,9).

g) Reaktionen des Gesprächspartners beachten

Geduld und Feinfühligkeit helfen uns, unsere Gesprächspartnerin nicht zu überfordern und zu überrumpeln. Wir müssen nicht die ganze Heilsgeschichte in ein Gespräch packen, das verwirrt die andere nur. Einige wenige Gedankenanstöße machen unserem Gegenüber eher Mut, sich selbst weiter damit zu beschäftigen und mit Fragen auf uns zurückzukommen. Gottes Geduld mit anderen ist meist größer als unsere. Deshalb erbitten wir für alle Gespräche Weisheit von Gott und seine Führung. Vor allem sollten wir selbst uns nicht so wichtig nehmen. Letztlich ist es Gottes Sache, was geschieht. Dieses Wissen befreit auch von ungutem Druck, den wir unbewußt sonst auch an andere weitergeben. Wir können es nicht »machen«, daß jemand das Angebot Gottes annimmt, aber wir können die Einladung so aussprechen, daß andere sich gerne weiter damit beschäftigen und dann irgendwann zu dem eigenen Entschluß kommen: »Ich möchte mein Leben Jesus Christus anvertrauen!«

Eine gute Übung dazu ist es, die eigene Entscheidung für ein Leben mit Gott einmal in kurzen, verständlichen Sätzen aufzuschreiben - ohne fromme Vokabeln, die nur »Insider« verstehen. Eine Hilfe ist auch ein Gebetstagebuch, das zu einem Überblick über Gebetsanliegen und Gebetserhörungen verhilft. Dann sind bei Nachfragen auch die entsprechenden Situationen eher präsent, und man muß nicht bei seiner eigenen Bekehrungsgeschichte anfangen, wenn nach den konkreten Auswirkungen eines Lebens mit Gott gefragt wird.

GO/MI

5. Das seelsorgerliche Gespräch

Manche Gespräche ergeben sich spontan; sie können dementsprechend kaum vorbereitet werden. Man muß aus der Situation heraus versuchen, sich auf sie einzustellen. Falls aber ein Gesprächstermin vorher verabredet wurde, sollte man einiges bedenken:

a) *Innere Vorbereitung:* Wir sollten Gott um Weisheit und Leitung bei der Führung des Gesprächs bitten, daß er an diesem Menschen wirken kann und mit ihm zu seinem Ziel kommt.

b) *Der Raum:* Schlichtheit, Schönheit und Stille des Raumes prägen die Atmosphäre. Alles vermeiden, was stören könnte: Telefon, offene Türen, Straßenlärm. Ein Getränk anbieten. – Gespräche beim Miteinander-Gehen fallen oft leichter als beim Gegenübersitzen.

c) *Zuhören – warten können:* Gespräch bedeutet vor allem Zuhören. Das ermutigt die andere und hilft ihr, das zu sagen, was sie bewegt. Gehemmte Menschen brauchen einen Vorschuß an Vertrauen! Nichts ist zunächst unwichtig. Oft sind scheinbare Nebensächlichkeiten, Fragen oder Diskussionen der »Aufhänger« für das Eigentliche. Betend abwarten und liebevoll nachfragen. Aktives, anteilnehmendes Zuhören ist selten geworden in unserer Zeit!

d) *Angriffe und Meinungen:* Angriffe gegen andere anhören, aber keinesfalls bestätigen – das kann nicht Aufgabe der Seelsorgerin sein, es sei denn, es handelt sich um offenbare Verfehlungen, von denen man sich distanziert. Gemeinsam überlegen, ob man mit dem/der Angegriffenen zu dritt ein Gespräch führen könnte. – Vorsicht mit eigenen Standpunkten, Meinungen und Erfahrungen! Sich um Klarstellung von Mißverständnissen ruhig und sachlich bemühen. Sich nicht persönlich angegriffen fühlen; Verteidigung der eigenen Person oder einer nahestehenden Gruppe vermeiden; keine Belehrungen aussprechen.

e) *Eigene Erfahrungen* können deutlich machen, was wir selbst erlebt haben, dürfen aber nicht verallgemeinert oder so dogmatisch vorgebracht werden, daß sie die Gesprächspartnerin einengen. Wichtiger ist, daß die Ratsuchende selbst durch das Gespräch eigene Lösungsansätze für ihre Probleme findet und die nächsten Schritte für sich formuliert. Wir sind nur »Entwicklungshelfer«.

f) *Grenzen im Gespräch:* Wo ich im Gespräch an Grenzen komme oder mich überfordert fühle, Fachleute (Ärzte, Therapeuten, andere Seelsorger mit speziellen Begabungen auf dem jeweiligen Gebiet) zu Rate ziehen. Das kann bei seelischen Erkrankungen und okkulten Belastungen nötig sein. Nicht aus falschem Ehrgeiz weitermachen!

g) *Erbetene Gespräche:* Wenn wir öfters um Gespräche gebeten werden, sollten wir überlegen, wo Bitten von seelisch kranken Personen uns überfordern oder uns und unsere Familie übermäßig belasten. Wir können und dürfen uns selbst schützen und müssen unsere Zeit und Kraft nicht unbeschränkt anderen zur Verfügung stellen.

h) *Gespräche in der Gruppe:* Sie ergeben sich oft aus der Situation heraus und können durch die Beteiligung vieler sehr hilfreich sein. Vertrauen und Verschwiegenheit innerhalb der Gruppe sind dazu nötig. Wo die Gruppe aber überfordert wird oder die Probleme zu speziell sind, sollten Einzelgespräche angeboten werden.

i) *Gespräche, die wir suchen:* Das sind sicher oft Gespräche, die der Klärung dienen sollen oder von anderen zur Vermittlung gewünscht werden. Die innere Voraussetzung dazu ist, daß wir frei von Ärger und Vorurteilen sind und sachlich die unterschiedlichen Positionen anhören. – Eventuell haben wir auch einen Impuls in der Stille bekommen, einem Menschen zu schreiben oder ihn anzurufen und ein Gespräch anzubieten. Dabei brauchen wir keine Angst zu haben, uns zu blamieren. Wenn der Gedanke von Gott kam, wird Gott uns auch in der Situation weiterhelfen und die richtigen Worte schenken.

j) *Begleitende Gespräche:* Versagen, Entmutigung oder Enttäuschung sind oft die Ursachen für das Schweigen eines Menschen. Es können auch unausgesprochene Bitten um ein Gespräch wahrgenommen werden. Begleitende Seelsorge ist auch dann sinnvoll, wenn fachärztliche Betreuung erfolgt. Aber Vorsicht mit Ratschlägen! Das fürbittende Gebet ist immer Hilfe und schadet nie.

k) Wir können *von der therapeutisch-seelsorgerlichen Gesprächsführung Jesu lernen,* z. B. bei der Unterhaltung mit der Frau am Jakobsbrunnen aus Johannes 3: Abholen des Gesprächspartners, Eingehen auf seine Fragen, zur Mitte kommen. Oder in Johannes 4: Anknüpfung, vom Religiösen zum Wesentlichen kommen, Konfrontation mit seiner Person, Wahrheit und Klarheit mit Liebe. Oder in Johannes 5: Leib- und Seelsorge; nachgehende Seelsorge und liebevolle Ermahnung.

l) *Die Krankheit des Helfers ist das Helfer-Syndrom:* Ein Symptom ist, daß man sich wichtig macht. Therapeutisch wirkt die Einsicht: Nicht wir sind die großen Helfer, nicht wir sind gefragt – wenn alles in Ordnung ist, dann geht der Dank dessen, der Seelsorge fand, an den, der allein der Helfer ist: Gott.

ED

6. Der Rahmen

Nicht nur die Themen sind wichtig, sondern auch eine Atmosphäre des Angenommenseins. Das Mitarbeiterinnen-Team hat zunächst vor allem die Aufgabe, sich den ankommenden Frauen intensiv zuzuwenden. Das geht natürlich nur, wenn die Vorbereitung (Raum ansprechend herrichten und benötigte Materialien bereitlegen) bereits abgeschlossen ist, bevor die ersten Teilnehmerinnen ankommen. Dann bleibt Zeit für das freundliche Begrüßen und die Frage nach dem Ergehen.

Viele Frauen kommen in unsere Kreise, weil sie sich nach Kontakten sehnen und der Möglichkeit, einfach mal mit anderen reden zu können. Wir können ihnen unsere Freundschaft anbieten, unser Zuhören, unser Anteilnehmen an ihren Fragen und Problemen. Ganz automatisch werden wir ihnen dann auch davon erzählen, wie wir mit solchen Situationen umgehen und welche Hilfe wir durch die liebevolle Begleitung Gottes auf unserem Weg bekommen haben. Das macht den Frauen Mut, sich auch auf ein Leben unter der Führung Gottes einzulassen. Es ist dabei wichtig, daß wir sie nicht drängen, sondern ihnen Zeit lassen, bis sie ihre eigene Entscheidung für ein Leben mit Gott treffen. Wir können es nicht »machen«, aber gemeinsam mit ihnen auf dem Weg sein.

Das bedeutet natürlich viel Einsatz für das Mitarbeiterinnen-Team. Gut wäre, wenn jede Mitarbeiterin sich ganz besonders um zwei Frauen kümmert, die neu dazugekommen sind. Sie kann die »Neuen« im Gebet begleiten, mit ihnen telefonieren, sie mal zum Kaffee oder zum Spazierengehen einladen und einfach offen sein für das, was die andere von sich und ihrem Leben berichtet. Viele Menschen haben heute niemanden mehr, der ihnen wirklich interessiert zuhört. Auf diese Weise können wir das Leben mit jemandem teilen, indem wir ihn ernst nehmen und zu verstehen versuchen. Wichtig ist natürlich, daß wir dabei auch auf Gottes Impulse achten und bereit sind, uns von ihm leiten zu lassen.

GS/ML

7. Das Mitarbeiterinnen-Treffen

Ein regelmäßiges Mitarbeiterinnen-Treffen hilft, sich gegenseitig zu unterstützen in dem gemeinsamen Anliegen, Frauen ein Leben mit Gott vor Augen zu malen. Am Anfang eines solchen Abends könnte eine Andacht oder eine kleine Schulung (zum Beispiel in seelsorgerlicher Gesprächsführung) stehen. Viel Zeit sollte verfügbar sein, um sich auszutauschen, Gebetsanliegen zu nennen und füreinander und die uns anvertrauten Frauen zu beten.

Wenn es im Miteinander Reibungspunkte gibt, Mißverständnisse und Verletzungen: hier gibt es die Möglichkeit, solche Schwierigkeiten zu besprechen und sich gegenseitig zu vergeben, damit die positive Arbeitsgemeinschaft aufrechterhalten werden kann. Nicht alle Mitarbeiterinnen können sehr gut miteinander auskommen; manchmal genügt einfach eine Umverteilung der Aufgaben, damit zwei, die sich schon von ihrem unterschiedlichen Naturell her nerven, nicht auch noch eng zusammenarbeiten müssen.

Aber zunächst muß die Offenheit da sein, sich solche Schwierigkeiten überhaupt erst einmal einzugestehen. Wir sind alle ganz verschieden von unserer Prägung, unserer Sicht der Arbeit und unserer Methodik her. Die Kunst ist, sich gegenseitig so stehenzulassen: mit den Stärken, aber auch den Schwächen des jeweiligen Typs – und das dann letztendlich als echte Bereicherung und als Ergänzung zu erleben.

Daneben braucht natürlich auch das Organisatorische seinen Platz: Themenwahl, Referentin, Termine, Raumdekoration ... Jede Gruppe muß entscheiden, nach welchen Gesichtspunkten sie ihre Abende planen will. Gut ist, wenn immer jeweils eine Mitarbeiterin die Gesprächsleitung hat und auf die Einhaltung der Tagesordnung achtet, weil man sich sonst im Gespräch leicht verzettelt. Diese Aufgabe kann bei jedem Treffen eine andere Frau wahrnehmen, damit sich jede mal in dieser Sache übt und sich keine »Herrscherin-Aversion« entwickelt. Auf jeden Fall: Mitarbeiterinnen-Treffen sind wichtig; sie geben neue Motivation für die Arbeit, führen uns durch das Ausräumen von Mißverständnissen wieder zueinander und richten uns auf Gott aus, von dem wir unsere gemeinsame Aufgabe bekommen haben.

GS/ML

8. Wie erarbeite ich ein Buch?

Empfehlung:

a) Das Buch zunächst für sich selbst ganz lesen.
b) Mit Textmarker oder Bleistift wesentliche Aussagen anstreichen
c) Notizen machen: Welche Seiten will ich vorlesen?
Wo empfiehlt sich der Originaltext? Wo fasse ich besser erzählend zusammen?
Wo muß ich überbrücken, wo Verstehenshilfen und Erklärungen geben?
d) Darbietung: Zielgruppe im Auge haben (was mir wichtig war, kann andere langweilen); eine sorgfältige Auswahl treffen.

Nebenbemerkung:
Es gibt Bücher, deren Lektüre Sie vielleicht nur teilweise empfehlen können. Sie enthalten zwar Aussagen, die kein anderes Buch so gut bringt, jedoch auch andere, die Sie nicht vertreten können. Hier müssen Sie abwägen: Die Buchempfehlung muß über negative Aussagen offen sprechen oder unterbleiben. Wenn Sie Gedanken eines Autors übernehmen, sollte die Quelle immer genannt werden. Wir brauchen uns nicht mit fremden Federn zu schmücken.

ED

9. Der Leseabend

Überall gibt es Leseratten, die sich auch gerne über ihre Lektüre austauschen möchten. Erfahrene Leser schlagen also vor, was sie gerade gelesen haben und wovon sie annehmen, daß es auch andere interessiert. Beginnen könnte man mit dem »kleinsten gemeinsamen Nenner«, Kurzgeschichten oder Essays sind zunächst gut geeignet. Bei längeren Stücken wird der nächste Abschnitt dann als »Pflichtlektüre« bis zum nächsten Treffen gelesen. Das Angebot eines Literatur- oder Leseabends ist unter anderem auch eine gute Möglichkeit, alleinstehende Frauen anzusprechen.

Ablauf eines Leseabends:

a) Vorlesen bzw. referieren (nicht länger als 1/2 Stunde).
   Die Hörer vor dem Lesen kurz über den Autor und den Text informieren.
   Textlängen und inhaltliche Spannung vorher prüfen; evtl. kürzen.

b) Entweder werden anschließend vorbereitete Fragen zum Text besprochen, oder jede Teilnehmerin sagt kurz, was sie von dem Buch bzw. dem besprochenen Abschnitt für sich persönlich mitnimmt.

Welche Literatur ist geeignet?
Ob Biographien (Spurgeon, Luther, Bonhoeffer), Sachbücher (z. B. Ehe und Familie, Erziehung, Zeitströmungen) oder Dichtung - alles kann anregen zum Gespräch und wichtige Anstöße für das eigene Leben geben.

EW

III. Elemente des Stundenablaufs

10. Die Bibelarbeit im Frauenkreis

1) Vorüberlegungen

Viele Menschen haben Probleme, die Bibel zu verstehen. Viele finden weder Zeit noch Ruhe, sich mit ihr zu beschäftigen. Einige resignieren schon angesichts ihres Umfangs. Die Sprache der Bibel (obwohl es heute gut verständliche Übersetzungen bzw. Übertragungen gibt), die fremde Kultur, die andere Zeit - es gibt vieles, was hindert, die Bibel zur Hand zu nehmen und darin zu lesen. Darum ist es wichtig, daß wir Hilfestellungen geben.

Frauen Schritt für Schritt in die Bibel einführen, das kann man auch gut am Beispiel einzelner biblischer Personen (z.B. Hanna, Ruth, Maria, Petrus etc.). Ihre Probleme und deren Bewältigung macht oft deutlich, daß es für unsere Schwierigkeiten heute auch eine Lösung durch Gott gibt.

An Texten aus der Apostelgeschichte und den Briefen kann aufgezeigt werden, daß Christen zu allen Zeiten mit Widerstand, Anfechtung und Zweifel zu kämpfen hatten. Die Texte der Bibelarbeit müssen unsere heutige Situation treffen. Der vorbereitete Abschnitt darf nicht in der Geschichte steckenbleiben. Die Aufgeschlossenheit für die biblische Botschaft hängt entscheidend davon ab, wie die Aussagen in unser Leben hineinsprechen. Wir müssen uns im Text wiederfinden können: So redet Gott - zu mir!

Wie oft Bibelarbeit? Die Beantwortung dieser Frage hängt von vielen Faktoren ab, die in jedem Frauenkreis verschieden sind. Darum brauchen die Leiterinnen ein ganz wachsames Auge. Sie müssen den Frauen abspüren, welches Thema oder welcher Text »dran« ist. Es kann sein, daß in jeder 2. oder 3. Stunde eine Bibelarbeit angebracht ist; andere Kreise machen längere Pausen. Es gibt jedoch auch Gruppen junger Frauen, die Woche für Woche das Gespräch über einen biblischen Text wünschen, weil für sie die Bibel etwas ganz Neues und Spannendes ist.

2) Wie bereite ich eine Bibelarbeit vor?

Gottes Geist will uns sein Wort aufschließen. Darum sollte jede Vorbereitung mit Gebet beginnen. Danach folgt die Textauswahl. Hier beginnt oft die erste Schwierigkeit: Wo finde ich einen passenden Text? Wo sind in der Bibel ähnliche Probleme, wie sie unsere Teilnehmerinnen haben? Auf der Suche nach einem geeigneten Text kann uns eine Konkordanz gute Dienste tun. In ihr finden wir zu unserem Thema entsprechende Bibelstellen.

Wollen wir eine Person der Bibel in einer Bibelarbeitsreihe vorstellen, kann uns bei der Auswahl eine Personenkonkordanz helfen, z.B. die von Friedrich Hauss (»Biblische Begriffe und Gestalten«, Hänssler Verlag). Es ist auch lohnend, einmal ein ganzes Buch der Bibel durchzuarbeiten. Um einen Überblick über den Inhalt zu bekommen, lohnt sich das Nachlesen einer Zusammenfasssung. Gute Einführungen geben Lexika, Studienbibeln und Kommentare.

3) Die Arbeit am Text

a) Den Text lesen

Lesen Sie den Abschnitt nicht nur in Ihrer altvertrauten Bibel. Nehmen Sie zur Vorbereitung andere Übersetzungen zu Hilfe.

Notieren Sie beim Lesen der verschiedenen Übersetzungen die Unterschiede. Lesen Sie den Abschnitt noch einmal laut; hören hilft verstehen und prägt den Text besser ein!

b) Den Textzusammenhang herstellen

Die Aussagen eines Textes erschließen sich oft erst im Textzusammenhang; besonders auffällig ist dies bei den Gleichnissen. Jesus erzählte sie, um eine Frage oder Tatsache anschaulich zu illustrieren.

c) Versweises Bearbeiten des Textes

Bei diesem Arbeitsschritt geht es darum, Begriffe, Orte und Menschen kennenzulernen, ihr Handeln und Reagieren zu betrachten. Folgende Fragen können helfen, den Text besser zu durchdringen:

- Welche Personen kommen vor? Wie ist ihr Verhältnis zueinander? Was ist der Grund ihres Zusammenseins? In welcher inneren und äußeren Verfassung befinden sie sich? Verändert sich ihre Situation oder die anderer Menschen? Wenn ja, was ist die Ursache? Was berichtet uns die Bibel außer an dieser Stelle noch über die betreffenden Menschen?
- An welchem Ort befinden wir uns mit diesem Text? Was sagt die Bibel hier und an anderen Stellen über den Ort? Welche Menschen werden im Zusammenhang mit dem Ort genannt? Wie ist seine geographische Lage? Gibt es Besonderheiten? Bibelatlas zur Hand nehmen!
- Welche Begriffe geben dem Abschnitt das Gewicht? Was bedeuten diese Begriffe damals, was heute?

Um sich eine lebendige Vorstellung von den Orten, Lebensgewohnheiten, Sitten usw. zu verschaffen, ist an dieser Stelle der Vorbereitung erklärende Literatur hilfreich, z.B. Bibelatlanten, Bibellexika, Handbücher, Kommentare, Begriffslexika, Biblische Wörterbücher. Im Text angegebene Parallel- und Vergleichstexte sollten unbedingt beachtet werden.

d) Sachliches Erfassen des Textes

Versuchen Sie zu erkennen, welche Bedeutung die Handlung oder Aussage in der damaligen Zeit und Situation hatte. Formulieren Sie das Ziel des Textes mit einem Satz.

e) Betendes Nachdenken über den Text

Es ist keine Zeitverschwendung, über einem Bibelabschnitt, den ich für andere vorbereite, zunächst selbst still zu werden. Mit dem Gebet: »Herr, rede – ich will hören« öffne ich mich vor Gott und kann mich von ihm beschenken lassen.

Ich frage mich: Was sagt Gott mir

- über seine Größe, Geduld, Liebe, sein Handeln, seine Gerechtigkeit?
- über mein Verhältnis zu ihm?
- über mein Verhältnis zu meinen Mitmenschen, Nächsten, Angehörigen?

Fordert er mich auf, etwas Bestimmtes zu tun oder zu lassen?

Wofür kann ich danken?

Um was darf ich bitten?

Seien Sie sicher, daß Gott zu Ihnen ganz persönlich durch sein Wort redet – und danken Sie ihm dafür!

f) Textgliederung

Nachdem uns der Text nun vertraut und lebendig ist, gliedern wir ihn in Abschnitte, die wir unter kurze Überschriften stellen. In dieser Gliederung können Gegensätze oder Schritte im Handlungsablauf besonders beachtet werden.

4) Was braucht die Gruppe?

Wir können eine Gruppe mit dem Evangelium überfordern und unterfordern. Deshalb müssen wir uns klar sein, wieviel die Frauen zur Zeit aufnehmen können. Brauchen sie Hinführung oder Weiterführung? Wir können mit dem Evangelium auf Interesse, Ablehnung und Gleichgültigkeit stoßen. Wir sollten deshalb wissen, wo die Schwierigkeiten und Probleme der Frauen liegen. Ein aktueller, passender Einstieg öffnet Ohren und Herzen.

5) Die Wahl der Methode

Die richtige Methode kann das Wort unterstützen, eine falsche kann es blockieren. Wenn eine Gruppe flexibel ist, kann die Methode öfter gewechselt werden. Dabei muß aber überlegt werden: Ist diese Methode für den Text zu gebrauchen? Hilft sie, den Text zu entfalten? Unterstreicht sie den Inhalt?

6) Abschließende Gedanken

Der Text steht uns vor Augen, ist gegliedert, das Ziel ist klar. Wir haben uns für eine Methode entschieden. Jetzt bleibt die Frage des Einstiegs: Wie beginne ich? Wie wecke ich das Interesse?

Als Einstieg in den Bibeltext können die Ideen für eine Andacht helfen. Aber auch ein Rätsel, Quiz, Meldungen aus Tageszeitungen, aktuelle Nachrichten aus dem Fernsehen liefern uns Einstiegs- und Anknüpfungspunkte. Ein Begriff oder Name aus dem Textabschnitt können helfen, schnell im Text zu sein.

Das, was Ihnen persönlich beim Lesen und Überdenken

wichtig und deutlich geworden ist, gehört nicht an den Anfang! Heben Sie diese Gedanken für den Schluß auf; Sie können sie vielleicht als Zusammenfassung der Bibelarbeit vortragen.

Jesus sagt: »Ich bin das Brot.« Reichen Sie dieses Lebensbrot in solchen Portionen, daß Sie alle dadurch wachsen. Bereiten Sie die Stücke so vor, daß die Frauen gern zugreifen. Bitten Sie Gott, daß er Ihnen beim Vor- und Zubereiten hilft.

7) Methoden der Bibelarbeit

Jeder Mensch ist anders, und so hat auch jeder seinen eigenen Zugang zum Evangelium und zu Gott. Diese Verschiedenartigkeit gilt es auch zu berücksichtigen, wenn wir eine Bibelarbeit vorbereiten. Aus der Vielzahl der Methoden können Sie jeweils die auswählen, mit der Sie den Text am besten für Ihre Gruppe aufschließen können. Diese Hilfen haben sich in der Praxis vielfach bewährt. Bitte halten Sie immer Papier und Stifte bereit!

a) Kopf-Herz-Hand-Methode

Mit den drei Impulsen:

»Wie war das noch mal?«

»Herzstück des Abschnitts«

»Was will ich tun?«

kann sich zunächst jede Frau allein mit dem Text beschäftigen. Danach wird ein Austausch in der Gruppe über diese Fragen angeregt. In der nächsten Stunde kann man vielleicht noch einmal »nachhaken«: »Was ist daraus geworden?«

b) Vers für Vers (Exegetische Bibelarbeit)

Die exegetische Bibelarbeit ist das althergebrachte Vers-für-Vers-Erfassen eines Bibeltextes. Dazu gehört auch die Betrachtung der Parallelstellen. Ein Kommentar und eine Konkordanz sollten griffbereit sein; eine sorgfältige Vorbereitung ist nötig.

c) Bibelarbeit anhand von Arbeitshilfen für jede Teilnehmerin (siehe Literatur). Solche Arbeitshilfen erleichtern die Vorbereitung, ersparen sie aber nicht; nicht immer treffen solche Arbeitshilfen unsere Situation bzw. unser Interesse.

d) Bibelarbeit anhand eines Bildes
Grundlage hierzu ist ein Bild, dem eine biblische Aussage oder eine biblische Begebenheit zugrunde liegt. Jede Teilnehmerin sollte eine Abbildung (Karte, Fotokopie) in der Hand haben. Zu Beginn wird die Aussage des Bildes erarbeitet. Nach einer kurzen Zusammenfassung durch die Leiterin wird der entsprechende Bibeltext gelesen und erarbeitet (siehe auch *Bildbetrachtung*).

e) Västerås-Methode
In der Stille geht jede Teilnehmerin den Bibeltext für sich allein durch und versieht den Abschnitt mit
? – einem Fragezeichen, wenn sie irgend etwas nicht versteht,
! – einem Ausrufezeichen, wenn sie sich diese Stelle besonders merken will,
→ – einem Pfeil, wenn die Aussage sie »ins Herz trifft«.
Diese drei Zeichen helfen den Frauen, sich mit dem Bibeltext vertraut zu machen und sich anschließend in der Gruppe über ihre Fragezeichen, Ausrufezeichen und Pfeile auszutauschen.

f) Antwortbriefe zum Text schreiben
Bei dieser Art der Bibelarbeit wird zunächst ein biblischer Textabschnitt gelesen, Fragen werden beantwortet, Mißverständliches geklärt. Danach sollten die Teilnehmerinnen einen Ant-

wortbrief an den Verfasser des Textes schreiben – etwa wie Leserbriefe an die Redaktion einer Zeitschrift. Diese Briefe können auch in Kleingruppen entworfen werden. Anschließend werden die Briefe in der Gesamtgruppe vorgelesen und diskutiert.

g) Thematische Bibelarbeit

Zu einem bestimmten Thema werden mehrere Bibeltexte herangezogen. Anhand der Bibeltexte wird gemeinsam nach einer Antwort zu dem Thema gesucht. Bei dieser Art der Bibelarbeit sollten eine Konkordanz und verschiedene Übersetzungen vorhanden sein. Auch hierfür ist eine gute Vorarbeit erforderlich.

h) »Brainstorming« mit Aufschreiben von Stichworten

Nachdem der Text einmal gelesen wurde, haben die Frauen Zeit, ihn noch einmal still zu lesen und zu durchdenken. Nach einiger Zeit werden die spontanen Gedanken, die den Teilnehmerinnen zum Text gekommen sind, ausgesprochen und evtl. auf einem Tapetenstück oder dem Tageslichtschreiber festgehalten, damit sie nicht vergessen werden. Zum Schluß sollte die Leiterin die Gedanken zusammenfassen.

i) Text »befragen«

Der ausgewählte Bibeltext wird gelesen. Anschließend gehen die Frauen in Kleingruppen, um über den Text anhand von mitgegebenen Fragen zu sprechen. Manchen Frauen fällt es leichter, in kleinen Gruppen zu sprechen, und der Austausch wird dann auch schnell persönlich. Abschluß und Zusammenfassung entweder in der Kleingruppe oder im Plenum.

j) Fragebogen zum Text zur stillen Arbeit für jede Teilnehmerin

Damit jede Frau zunächst der eigenen Befindlichkeit auf die

Spur kommt, empfiehlt sich eine zehnminütige Stille mit dem Fragebogen. Danach Austausch zu zweit oder in einer Kleingruppe.

k) Schreibgespräch

Zu einer biblischen Geschichte die »Hauptpersonen« ihre Argumente schriftlich austauschen lassen. Beispiel: Text aus Lukas 15,11-32: »Der Vater und seine zwei Söhne«. Drei Tische vorbereiten, die mit einer weißen Papiertischdecke oder mit Tapetenrückseiten belegt sind. Auf einen Tisch in die Mitte groß das Wort »Vater« schreiben, auf den nächsten Tisch »älterer Sohn« und auf den dritten »jüngerer Sohn«. Die Teilnehmerinnen werden aufgefordert, sich still zu überlegen, für welche Person sie zur Zeit die größte Sympathie empfinden und in dessen Situation sie sich gut hineinversetzen können. Sie werden dann gebeten, sich an diesen Tisch zu stellen und einen Satz (eine Frage, einen Ausruf, eine Bemerkung), die diese Person sagen könnte, aufzuschreiben. Dann dürfen alle ihre Position wechseln und zu den anderen Bemerkungen an den übrigen Tischen ihre Gegenargumente aufschreiben, so daß ein »stummes Gespräch« entsteht.

l) »Wort-Ecken«

Vorbereitung: 20 einzelne Worte aus dem zu erarbeitenden Bibeltext (den die Teilnehmerinnen vorher nicht kennen sollten!) werden von einer Mitarbeiterin groß auf ein DIN-A-4-Blatt geschrieben. In fünf »Runden« werden jeweils vier Worte an vier verschiedene Ecken im Raum gelegt. Jede Teilnehmerin soll sich alle vier Worte still durchlesen und sich dann für eins entscheiden, bei dem sie stehen bleibt. Wenn alle bei einer »Wort-Ecke« angekommen sind, tauschen sie sich ganz kurz darüber aus, warum sie gerade dieses Wort gewählt haben und was ihnen dazu in den Sinn gekommen ist. Bei dieser Methode wird ganz schnell der »Sitz im eigenen Leben« gefunden, ehe der Bibeltext im Zusammenhang überhaupt bekannt ist. Die Neugier wird geweckt, und man liest danach viel gespannter den (vielleicht sonst sehr bekannten) Text.

m) Phantasiereise

Um der Ausgangssituation eines Bibeltextes nahezukommen, empfiehlt sich manchmal eine Phantasiereise an den Ort, wo sich diese Geschichte abgespielt hat. Eine Mitarbeiterin erklärt dazu kurz, daß bitte alle die Augen schließen und sich in Gedanken auf eine Reise machen, zum Beispiel so: »Wir wollen heute eine Stadt weit weg von hier besuchen. Sie liegt im Nahen Osten. - Es ist heiß in Jericho. Die Sonne brennt vom Himmel. Unter einer Palme am Straßenrand sitzt einsam ein Mann. Er kann die Schönheit der Landschaft nicht sehen. Er ist blind. Er bettelt. Manchmal gibt ihm einer der Vorübergehenden eine Münze. Ergeben, gebückt hockt er da. Eine fröhliche Menschenmenge kommt plaudernd die Straße entlang. Einer ruft laut: ›Das ist doch Jesus mit seinen Jüngern!‹ Plötzlich richtet sich der Blinde auf. Das ist seine Chance, auf die er schon lange gewartet hat. Und er schreit: ›Jesus, Sohn Gottes, erbarme dich meiner!‹« usw. Zwischen den Sätzen bzw. nach Sinnabschnitten sollten größere Pausen gelassen werden, damit das Gehörte innerlich nachvollzogen werden kann. Der Vorteil einer solchen Phantasiereise: Man fühlt und erlebt die biblische Geschichte hautnah mit, wenn man sich darauf einläßt.

n) »Echo-Meditation«

Der Bibeltext wird einmal laut vorgelesen. Danach wiederholen die Frauen Worte und Halbsätze (höchstens einen ganzen Satz) aus dem Textabschnitt und stellen sie in den Raum. Es ist gleich, ob die Worte aus dem Anfang, dem Mittelteil oder dem Schluß des Abschnitts stammen. Jede kann sich, so oft sie möchte, mit einem Wort oder Halbsatz einbringen; auch das mehrmalige Nennen der gleichen Worte ist erlaubt. Kommentare sind verboten! Die einzelnen Satzteile sollten einfach zunächst nebeneinander stehengelassen werden, um den »Alltagsgebrauch« der einzelnen Worte und Sätze wahrzunehmen. Es folgt ein Gespräch über das, was die Frauen während der »Echo-Meditation« erlebt haben.

IG/ML

11. Wie erarbeite ich einen Text? – Die fünf wichtigsten Schritte

a) Was steht da?

- Verschiedene Übersetzungen lesen; bei den Evangelien auch die Parallelstellen in den anderen Evangelien.
- Begriffe klären.
- Textzusammenhang lesen (Kontext).

b) Was bedeutete das damals?

Sich in die Situation versetzen, Erlebnisse verstehen, geschichtliche Zusammenhänge und Situation der »Adressanten« bedenken.

c) Was bedeutet das für mich?

Diesen Punkt niemals überschlagen, möglicherweise steht Ihre Glaubwürdigkeit auf dem Spiel. Gott will zuerst mit mir selbst reden.

Der Text enthält Ermutigung, Ermahnung oder Tröstung, vielleicht Aufforderung zur Buße und Korrektur.

d) Was bedeutet das für die anderen?

Genaue Zielvorstellung, was die Gruppe »mitnehmen« soll. Das darf auch durch Gespräche nicht verwischt werden.

Wichtig: Folgerungen bedenken! Niemals Theorien ohne Alltagsbezug verbreiten!

e) Wie biete ich den Text an?

- Zeitplanung
- Möglichkeiten der Darbietung
- Einstieg und Thema

Wichtig: Niemals Texte aus dem Zusammenhang reißen!

IG

12. Einige neuere Methoden, am praktischen Beispiel erklärt

1) Erarbeitung des Themas mit Hilfe eines Fragebogens

Thema: Ich sage ja zu mir
Text: »Du bist du« von Jürgen Werth
Zielgedanke: Jeder Mensch ist in Gottes Augen wertvoll

Einstieg

Lied von Jürgen Werth: »Du bist du« (gemeinsam singen, vortragen oder von CD bzw. Kassette vorspielen)

Kurze Einführung ins Thema:

- Was hat unser Wertgefühl geprägt (z.B. in der Kindheit und heute, durch Erziehung und kulturelles Umfeld)?
  Unser Wertgefühl hängt oft stark mit dem zusammen, was wir leisten; unsere Erziehung und Kultur fördern zumindest häufig diesen Zusammenhang.
- Minderwertigkeitsgefühle entstehen, wenn ich mich mit vermeintlich besseren, schöneren, stärkeren, erfolgreicheren Mitmenschen vergleiche.
- Mein Leben ist ein Geschenk Gottes an die Welt. Mein Wert besteht darin, daß ich ein Geschenk Gottes an diese Welt bin. Nicht das, was ich leiste, ist entscheidend, sondern daß ich bin.
- Mit Stärken und Schwächen leben lernen. Oft sind gerade unsere Schwächen auch unsere Stärken, wenn wir lernen, sie positiv in unser Leben einzubinden. Eigene erkannte Schwächen machen uns barmherziger anderen gegenüber.

Erarbeitung

Ein Fragebogen zum persönlichen Überdenken wird verteilt (10 Minuten Stille)

1. Was mag ich an mir?
   Was gefällt mir an meiner Situation?
2. Was stört mich an mir und meinen Lebensumständen?
3. Wovon fühle ich mich überfordert?
   Worauf bin ich neidisch?

Austausch im Plenum
oder zu zweit (Chance, einander intensiv zuzuhören)
oder in Kleingruppen (Möglichkeit zur gegenseitigen Ermutigung).

Die verschiedenen Gedanken werden im Plenum zusammengefaßt: Jede von uns ist in ihrer Art von Gott gewollt, von Gott geliebt. Er kennt unsere ganz persönliche Lebenssituation und will uns helfen, sie gut zu bewältigen.

Abschluß

mit einem meditativen Text zum Thema, zum Beispiel aus: Ulrich Schaffer ». . . weil du einmalig bist«, Lahrer Geschenkhefte, Verlag Ernst Kaufmann, Lahr 1987, S. 1 u. 4)

2) Bibeltext-Erarbeitung mit einem »Schreibgespräch«

Thema: Die Geschichte von den beiden unterschiedlichen Töchtern
Bibeltext: Lukas 15,11-32
Zielgedanke: Gott liebt uns – unabhängig davon, wie wir sind

Einstieg

Der Text aus Lukas 15,11-32 wird einmal im Zusammenhang vorgelesen; danach mit verteilten Rollen (vorher festlegen und entspechend umschreiben: Erzähler, Mutter, jüngere Tochter, ältere Tochter).

Frage ins Plenum: Mit wem kannst du dich am ehesten identifizieren? Mit der Mutter? Mit der jüngeren Tochter? Mit der älteren Tochter?

Erarbeitung

Einführung in die vermutete Gedankenwelt von Mutter, jüngerer Tochter und älterer Tochter:

1. Mutter: Ich habe doch wirklich beide gleich lieb. Warum ist das so schwer zu verstehen? Warum traut sich meine jüngere Tochter kaum nach Hause? Bin ich zu streng zu ihr gewesen? Warum ist meine ältere Tocher so neidisch? Ich dachte, sie wäre gerne bei mir und würde sich wohlfühlen! Sie hätte doch alles haben können . . .

2. Jüngere Tochter: Diese ständigen Vorschriften und Verhaltensmaßregeln zu Hause – echt ätzend! Ich mach mich selbständig! Dann kann ich das Leben genießen und nach meinen Vorstellungen leben! Keine kleinkarierten Sprüche mehr; ich will aus dem Vollen schöpfen! Schade, irgendwie hab ich mich verkalkuliert. Jetzt sitz ich da und weiß nicht weiter. Ich hab echt Mist gebaut! Ich glaub, ich geh zurück zu meiner Mutter und rede mit ihr. Ich kanns ja wenigstens mal versuchen . . .

3. Ältere Tochter: Meine Mutter ist so was von ungerecht! Aber es war schon immer so: Die Kleinere wird vorgezogen! Ich war richtig froh, als die damals gegangen ist. Da war nur noch ich für meine Mutter wichtig! Ich war immer lieb und brav und hab alles getan, was sie wollte. Und was ist der Lohn dafür? Diese hergelaufene Schlampe kriegt auch noch ein Fest! Eine saftige Strafe hätte sie verdient, mindestens! Statt dessen wird sie auch noch belohnt für ihr Lotterleben. Ich verstehe die Welt nicht mehr . . .

Es folgt ein Schreibgespräch (stummer Dialog), ausgehend von den obenstehenden Argumenten: Drei Tische stehen im Raum, mit weißen Papiertischdecken oder der Rückseite von Tapetenrollen bedeckt. Auf dem ersten Tisch ist das Stichwort »Mutter«, auf dem zweiten Tisch »jüngere Tochter« und auf dem dritten »ältere Tochter« in die Mitte geschrieben. Die Frauen werden aufgefordert, sich an den Tisch zu stellen, der ihrer Situation zur Zeit am ehesten entspricht. Ein Schreibgespräch beginnen an den einzelnen Tischen; jede Frau schreibt einfach auf, was ihr gerade dazu einfällt – und eine andere setzt ihre Meinung dagegen.

Zum Beispiel: Mutter: »Was habe ich nur falsch gemacht? Ich habe doch wirklich beide gleich lieb!« – »Gleich lieb!« – »Mach' Dir keine Illusionen, das gibt's nicht!« – Wie kommt es bloß, daß meine jüngere Tochter sich so verhält? Hat sie nicht genug Freiräume von mir bekommen?« – »Quatsch, mach Dir jetzt bloß keine Vorwürfe. Das ist einfach ein total unreifes, egoistisches Verhalten von ihr!« – »Aber warum?« – »Sie will mal was anderes sehen; gönn es ihr doch einfach! Einmal muß sie ja selbständig werden!«

Jüngere Tochter: »Diese ständigen Vorschriften und Verhaltensmaßregeln zu Hause, echt ätzend! Ich gehe! Dann kann ich das Leben genießen und nach meinen Vorstellungen leben!« – »Beim Schweinetrog, was?«

Nach zehn Minuten wird gewechselt, damit jede Frau auch noch an den anderen Tischen ihre Kommentare oder Fragen aufschreiben kann. Zum Schluß werden alle Schreibgespräche von je zwei Frauen im Wechsel vorgelesen.

Die kontroversen Gefühle und Gedanken werden zusammengefaßt.

Abschluß

Gott ist voller Liebe für uns – mehr, als unsere irdischen Mütter und Väter es sein können. Er liebt uns, auch wenn wir uns bockig von ihm abwenden und »Leben auf eigene Faust« versuchen wollen. Er läßt uns gehen, er hält uns nicht fest. Aber er steht da mit offenen Armen und freut sich, wenn wir freiwillig zu ihm zurückkommen, und beschenkt uns, die wir eigentlich Strafe oder zumindest Zurechtweisung verdient hätten. Mir bleibt da jedesmal vor Staunen der Mund offenstehen; ich kann es kaum glauben, daß Gott so großzügig ist! – Aber Gott liebt uns genauso, wenn wir zu den Braven und Gehorsamen gehören. Wir müssen nur kapieren, daß Leben ganz nah bei Gott kein Verzicht ist, sondern ständiges Geschenk. Wir können bitten, und er gibt uns gerne. Er will uns Leben schenken, Leben im Überfluß - nicht nur ein mickriges, kleines, unscheinbares Leben. Wir müssen es nur in Anspruch nehmen und nicht neidisch auf die anderen schielen, die es in unseren Augen besser getroffen haben. Nein, im Gegenteil: Wir, die wir mit Gott leben, bleiben dadurch oft vor vielen schlimmen Erfahrungen bewahrt, die unser Leben zerstören können.

3) Bibeltext-Erarbeitung mit Echo-Meditation und Västerås-Methode

Thema: Menschen begegnen Jesus - Jesus begegnet Menschen
Bibeltext: Johannes 1,1-14
Zielgedanke: Jesus ist »das Wort« - der Anfang von allem

Einstieg

»Am Anfang war das Wort, das Ja der Liebe« von Christoph Zehendner wird vorgespielt (MC/CD »Begegnungen« von Johannes Nitsch, Hänssler, Neuhausen-Stuttgart).

Der Bibeltext, der dem Lied zugrunde liegt (Johannes 1,1-14), wird an jede Frau verteilt und anschließend laut vorgelesen. In einer kurzen Besinnungszeit (5 Minuten) soll jede Teilnehmerin den Text noch einmal leise durchgehen und einige Worte, Halbsätze oder ganze Sätze anstreichen, die ihr dabei auffallen. Das können ganz verschiedene Worte oder Wendungen sein (z.B.: »Am Anfang«, »ohne ihn«, »wies ihn ab«, »das Wort«, »Finsternis«, »manche nahmen ihn auf«, »hat es nicht auslöschen können«, »Güte und Treue«, »Kinder Gottes zu werden«). Anschließend stellt jede Frau diese Worte und Halbsätze nach dem Modell des südafrikanischen »Bibelteilens« einfach in den Raum. Wichtig ist, daß jeweils nur kurz gesprochen wird und danach in der Stille alle dieses Wort auf sich wirken lassen, ehe das nächste folgt. Jede Teilnehmerin kann sich mehrmals einbringen, und es ist auch völlig gleich, ob der Halbsatz aus dem Anfang oder dem Schluß des Bibeltextes stammt. Der Text schließt sich so auf, und es wird verhindert, daß man über manche Sätze einfach hinwegliest, weil ja doch jede weiß, wie es weitergeht.

Erarbeitung

Die Besonderheit des Johannesevangeliums wird kurz erläutert: Johannes und Jakobus, Söhne des Zebedäus, gehörten zusammen mit Petrus zum engsten Jüngerkreis um Jesus. Die beiden Brüder scheinen recht impulsiv gewesen zu sein, denn Jesus gab ihnen den Beinamen »Donnersöhne«. In 1. Johannes 1,1 schreibt Johannes selbst: »Was wir gesehen haben mit unseren Augen, was wir betrachtet haben vom Wort des Lebens, das verkündigen wir euch.« Das Johannesevangelium unterscheidet sich schon in seinem Anfang von den anderen drei Evangelien und ist wohl auch erst zu einem späteren Zeitpunkt entstanden (vermutlich zwischen 70 und 90 n.Chr.) Die Bildersprache von Licht und Finsternis spricht für hellenistische Einflüsse. Das Johannesevangelium enthält mehrere Reden und ausgelegte Allegorien (z.B. vom guten Hirten und vom Weinstock), aber keine Gleichnisse. Es ergänzt in seiner Andersartigkeit die drei ersten Evangelien, weil es neue Schwerpunkte setzt. Das Thema des Johannesevangeliums wird schon in den ersten Versen genannt: »Er, das Wort, wurde ein Mensch, ein wirklicher Mensch von Fleisch und Blut, und nahm Wohnung unter uns. Wir sahen seine Macht und Herrlichkeit, die göttliche Hoheit des einzigen Sohnes, die ihm der Vater gegeben hat. Gottes ganze Güte und Treue ist uns in ihm begegnet« (Vers 14). Der Göttliche verläßt freiwillig seine Herrlichkeit beim Vater, läßt sich von Menschen mit Händen betasten, der Herr über alle Dinge macht sich zum Diener. Die Erlebnisse mit Jesus, wie sie Johannes aufgeschrieben hat, machen seine besondere Stellung als »Jünger, den Jesus lieb hatte« deutlich.

Nun wird der Bibeltext nach der »Västerås-Methode« von jeder Teilnehmerin für sich durchgearbeitet (15 Minuten Stille):

- Das verstehe ich nicht (Fragezeichen)
- Das will ich mir merken (Ausrufezeichen)
- Das trifft mich ins Herz (Pfeil)

Anschließend können alle gemeinsam auf die Fragezeichen eingehen, die die Frauen bei ihnen unverständlichen Versen gesetzt haben. (Zur eigenen Vorbereitung empfiehlt es sich, einen leicht verständlichen Kommentar wie die Wuppertaler Studienbibel o.ä. zu lesen.) Dennoch sollten die Fragen immer auch an die Gruppe weitergegeben werden, damit ein gemeinsames Nachdenken über die Aussagen des Textes einsetzt. Wenn Fragen offenbleiben, die Sie als Leiterin auch nicht beantworten können, schreiben Sie sie einfach auf, informieren Sie sich und geben Sie bei der nächsten Gruppenstunde darüber Auskunft. Man kann das Notieren der Fragezeichen auch vollkommen weglassen, weil das wirklich Wichtige die Ausrufezeichen und Pfeile sind. Dabei geht es um die Worte, die einzelne Frauen sich merken wollen und die sie »ins Herz getroffen« haben. Der Austausch darüber macht die Worte der Bibel für jede Teilnehmerin lebendig und erfahrbar.

Abschluß

Jede Frau, die das möchte, nennt einen Satz aus dem Text, den sie sich merken und in ihrem Alltag umsetzen möchte, und formuliert ihn möglichst in eigenen Worten. Anschließend kann in einer Gebetsgemeinschaft das aufgegriffen werden, was jede Frau neu lernen möchte. An dieser Stelle kann auch konkret füreinander gebetet werden.

Alle drei Stundenentwürfe finden sich in: Margit Lambach (Hrsg.), *5 x 5 zündende Ideen für Frauengesprächskreise,* R. Brockhaus Verlag, Wuppertal 1995

ML

13. Die Andacht im Frauenkreis

Andacht und Bibelarbeit stehen gleichberechtigt als Elemente von Frauengesprächskreisen nebeneinander. Zeitlich gesehen ist die Andacht kürzer (5-10 Minuten), aber in den Aussagen oft konzentrierter und einprägsamer als eine Bibelarbeit. Während in der Bibelarbeit möglichst alle zu Wort kommen sollten und viele Gedanken und Meinungen zusammengetragen werden, dreht sich die Andacht um einen Gedanken, der von der Mitarbeiterin, die die Andacht hält, auf verschiedene Arten veranschaulicht werden kann.

Die Andacht kann als Zusammenfassung und Schlußpunkt eines Gesprächs dienen, kann aber ebenso am Beginn einer Stunde stehen. Sie ist der geistliche Schwerpunkt der Stunde. Wichtig ist der Anknüpfungspunkt: Es kann ein Liedvers sein, ein Gedicht oder ein Bibelvers. Einprägsam wird die Andacht durch ein Bild oder einen Gegenstand. Sprichwörter oder ein Werbeslogan bieten sich ebenfalls an.

Charakteristisch für eine Andacht sind folgende Merkmale:

a) biblisch - es geht um eine biblische Aussage,
b) vorbereitet - sie wird nicht »aus dem Ärmel geschüttelt«,
c) packend - Ansatz und Inhalt treffen die Hörer,
d) nüchtern - es geht um die Realitäten unseres Lebens,
e) praktisch - sie gibt Hilfen zum Leben,
f) kurz - sie ist 5-10 Minuten lang.

JK

14. Anleitung zum Bibellesen

1) *Warum* lesen wir die Bibel?

Sie sagt uns
- wer Gott ist, sie ist »Wort Gottes«;
- wie Gott den Menschen sieht und haben möchte;
- daß Gott uns liebt und durch Jesus Christus erlöst hat;
- daß es Antworten auf die Fragen nach Sinn und Ziel der Menschen gibt.

Durch die Bibel gibt Gott dem einzelnen Menschen Wegweisung, Mut, Kraft und Zuversicht.

2) *Wie* lesen wir die Bibel?

Allgemeines:
Jeder braucht eine eigene Bibel in einer verständlichen Übersetzung. Wir nehmen uns vor, uns jeden Tag eine bestimmte Zeit für das Bibellesen freizuhalten - auch dann, wenn uns gerade die

Lust dazu fehlt. Wir beten vor dem Bibellesen, denn es geht dabei nicht in erster Linie um Wissensvermehrung, sondern um eine Begegnung mit Gott. Wir bitten ihn, durch den Heiligen Geist zu uns zu sprechen, damit wir verstehen, was er uns sagen möchte.

Wir lesen die ganze Bibel, nicht nur einige Lieblingstexte, sonst machen wir keine Neuentdeckungen. Eine Hilfe kann dabei ein Bibelleseplan mit Erklärungen sein, z.B. »Termine mit Gott«, Brunnen Verlag Gießen, oder »Orientierung« vom Bibellesebund. (Eine Übersicht über Bibellesehilfen kann beim Bibellesebund, Postfach 1129, 51703 Marienheide, angefordert werden.)

Wir versuchen uns in den Text einzufühlen, indem wir den kulturellen und geschichtlichen Hintergrund berücksichtigen. Hilfreiches dazu findet sich zum Beispiel in »Die Welt der Bibel«, R. Brockhaus Verlag Wuppertal/Bibellesebund Marienheide 1980 ff. und in »Hirten, Händler und Propheten – Die lebendige Welt der Bibel«, Brunnen Verlag Gießen, 2. Auflage 1996.

Die Bibel ist ein Arbeitsbuch: Wir unterstreichen wichtige Aussagen und schreiben Bemerkungen an den Rand (Fragen, neue Erkenntnisse), evtl. mit Datum. Es kann hilfreich sein, eine Art Tagebuch anzulegen, in dem man Ergebnisse des Lesens festhält. Zum einen zwingt das zum aufmerksamen Hören auf den Text, und zum andern ist es interessant zu sehen, wie man früher über einen Abschnitt der Bibel gedacht hat.

Wir antworten Gott auf das Gelesene: Wir bitten ihn um Vergebung unserer Schuld; wir bitten ihn um Kraft, Erkanntes in die Tat umzusetzen; wir danken für einen Zuspruch oder bitten um Weisheit: »Vater, heute habe ich dich nicht verstanden. Bitte gib mir Durchblick.« Bibellesen ist kein Selbstzweck. Wir sollen tun, wozu Gott uns durch den Bibeltext auffordert. Es nützt nichts, eine Wegbeschreibung in- und auswendig zu kennen, sich aber nicht auf den Weg zu machen.

In einem Brief an seinen Schwager schrieb Dietrich Bonhoeffer: »Nur wenn wir es einmal wagen, uns so auf die Bibel einzulassen, als redete hier wirklich der Gott zu uns, der uns liebt und uns mit unseren Fragen nicht allein lassen will, werden wir an der Bibel froh. So lese ich nun die Bibel. Ich frage jede Stelle: Was sagt Gott hier zu uns? Und ich bitte Gott, daß er uns zeigt, was er sagen will. Und ich will dir nun auch noch ganz persönlich sagen: Seit ich gelernt habe, die Bibel so zu lesen – und das ist noch gar nicht so lange her –, wird sie mir täglich wunderbarer. Ich lese morgens und abends darin, oft auch noch über Tag ... Es bleibt also nichts als die Entscheidung, ob wir dem Wort der Bibel trauen wollen, wie keinem anderen Wort im Leben und im Sterben. Und ich glaube, wir werden erst dann recht froh und ruhig werden können, wenn wir diese Entscheidung getroffen haben.«

3) Methoden des persönlichen Bibellesens

Die im folgenden vorgestellten Methoden könnten während einer Frauenstunde in Kleingruppen angesprochen werden. Sie sind eine gute Möglichkeit, ins Gespräch zu kommen. Viele haben die Erfahrung gemacht, daß bei einer methodischen Erarbeitung mehr »hängenbleibt«.

a) Fragen an den Text

- Steht im Text etwas über Gott, Jesus Christus oder den Heiligen Geist (wie sie sind und was sie tun)?
- Kommt im Text ein gutes oder ein schlechtes Beispiel vor?
- Enthält der Text eine Aufforderung?

- Finde ich im Text ein Versprechen?
- Steht im Text eine Warnung?

b) Luthers vier Kränzchen
- Was wird mir gesagt, und wie ist es zu verstehen?
- Wofür habe ich zu danken? Was tut Gott für mich?
- Was habe ich zu bekennen, und wo bin ich betroffen?
- Wofür habe ich zu bitten? Was muß ich tun?

c) POZEK-Schlüssel

P = Person	Welche Personen kommen vor? Was wissen wir über sie?
O = Ort	An welchem Ort geschieht etwas? Wo liegt er? Wodurch ist er bekannt?
Z = Zeit	Zu welcher Tages- oder Jahreszeit hat sich das Ereignis zugetragen (evtl. auch zu welcher Zeitepoche)?
E = Ereignis	Was ist eigentlich geschehen? - Genaue Nacherzählung mit eigenen Worten!
K = Kern	Was ist die tiefere Botschaft der Geschichte?

Auch andere Bibelarbeits-Methoden können angewendet werden. Manchmal ist in bestimmten Zeitabständen Abwechslung vorteilhaft.

4) Schwierigkeiten beim Bibellesen

a) keine Zeit
Oft geht es bei Zeitproblemen eher darum, daß wir uns *für eine bestimmte Sache* keine Zeit nehmen. Wir sollten unsere Prioritäten überprüfen. Sind andere Pflichten wirklich so viel wichtiger als das Bibellesen?

b) keine Ruhe

Besonders Mütter mit kleinen Kindern haben es oft schwer, einige ruhige Minuten zu finden. Da ist wirklich Erfindungsreichtum gefragt. Manche berichten, daß sie früh morgens aufstehen, um vor dem alltäglichen Rummel Zeit zur Stille zu haben. Andere wieder machen gute Erfahrungen damit, abends Rückblick auf den vergangenen Tag zu halten und sich mit Gottes Hilfe auf den neuen Tag einzustellen. Einige nutzen den Mittagsschlaf ihrer Kinder. Sicher muß jede Frau die eigenen Gegebenheiten prüfen und versuchen, das Beste daraus zu machen. Gut ist es, sich eine bestimmte Zeit des Tages fürs Bibellesen freizuhalten. Wenn dann der Zeitpunkt da ist und die Gedanken trotzdem »spazierengehen«, weil dies oder jenes dringend erledigt werden muß, ist es eine Hilfe, alles, was einem einfällt, auf einen bereitliegenden Zettel zu schreiben, damit der Kopf für die Stille frei wird.

c) unverständlich

Gott hat den Heiligen Geist gesandt, um uns in die ganze Wahrheit einzuführen (Johannes 16,13). Der Heilige Geist will unser Lehrer sein. Durch eine Predigt, ein Buch, ein Erlebnis oder Gespräch kann er manchmal eine biblische Wahrheit verständlich machen. Trotzdem wird manches unverständlich bleiben. Doch was ich heute nicht verstehe, kann mir schon morgen ganz klar und deutlich vor Augen stehen und mein Leben verändern. Wichtig ist es, offen für das zu bleiben, was Gott mir sagen will.

MB

15. Die Bildbetrachtung

Eine wissenschaftliche Untersuchung zeigt, daß nur Gehörtes zu zehn Prozent behalten wird, Gehörtes und Gesehenes dagegen zu dreißig Prozent. Ein Bild prägt sich mehr ein als nur Worte. Bilder können uns in das biblische Geschehen mit hineinnehmen und auch unsere Gefühle ansprechen. Noch tiefer kommen wir uns selbst auf die Spur, wenn wir selbst Bilder anfertigen.

1) Bilder betrachten lernen

Bei der Betrachtung eines Dia hilft schon der abgedunkelte Raum zur Sammlung und Konzentration. Wenn jede Teilnehmerin eine Postkarte oder eine Fotokopie des Bildes in der Hand hat, ist es positiv, im Hintergrund leise, meditative Musik laufen zu lassen, um die Betrachtung und Besinnung zu unterstützen.

Nach einiger Zeit der Stille können die Wahrnehmungen der Frauen in kurzen Statements - mit kleinen Pausen dazwischen, um das Gehörte aufzunehmen - einfach nebeneinander in den Raum gestellt werden. Eine Hilfe ist es, wenn Stichworte mit großer Schrift auf einer Tapete festgehalten werden. Dabei dürfen auch sehr gegensätzliche Empfindungen ausgesprochen werden: Ein und dasselbe Bild vermittelt zum Beispiel der einen Frau Geborgenheit, der anderen dagegen Angst. Alles ist »wahr«, weil jede aus ihrer augenblicklichen Situation und aus ihrem persönlichen Hintergrund das Bild betrachtet.

Einfühlsam gestellte Fragen können den Prozeß des Anschauens begleiten:

- Was sehe ich?
- Welche Gefühle löst das Bild in mir aus?

- Was hat der Künstler vielleicht damit ausdrücken wollen?
- Was spricht mich besonders an?
- Welche Ereignisse in meinem Leben finde ich darin wieder?

Wenn eine Gruppe sehr spontan ihre Äußerungen in den Raum stellt, sind keine Fragen nötig. Oft wird durch eine Aussage eine nächste Wahrnehmung inspiriert, und die Weiterführung geschieht »automatisch«. Nur wenn die Beteiligung ins Stocken gerät oder in eine nicht gewollte Richtung läuft, sind weiterführende Fragen nach dem obigen Beispiel sinnvoll. Danach ist eine Zusammenfassung der Leiterin angebracht, die aber unbedingt die Bandbreite der Wahrnehmungen unterstreichen und stehenlassen sollte. Eine persönliche Anmerkung, wie es ihr selbst mit diesem Bild ergangen ist, kann folgen. Zum Abschluß kann ein Segenszuspruch die geweckten Emotionen aufnehmen und die Teilnehmerinnen mit Zuversicht und Mut entlassen. Postkarten, die mitgenommen werden können, erinnern noch lange an den Abend und die dabei gemachten Erfahrungen mit anderen und mit Gott.

2) Selbst hergestellte Bilder zu bestimmten Themen oder Bibelstellen

Sehr viel persönlicher ist der Einstieg in ein Thema, wenn Gelegenheit gegeben wird, die eigenen Empfindungen dazu kreativ auszudrücken.

a) Malen

Zeichenblöcke, Wasserfarben mit Wassergläsern und Pinseln sowie Kohle- und Wachsmalstifte sind so an verschiedenen

Tischgruppen im Raum verteilt, daß jede Frau sich ihren Platz und ihren Werkstoff aussuchen kann. Nur das Thema oder ein Bibeltext ist vorgegeben; die Gestaltung ist völlig freigestellt. Alle Bilder werden zum Schluß (anonym, wenn gewünscht) an einer Leine mit Wäscheklammern aufgehängt oder an eine freie Wand gepinnt. Jede Frau ist eingeladen, zu den jeweils anderen Bildern Stellung zu nehmen und zu sagen, was ihr an dem Gemalten besonders auffällt. Oft sind bei den Gedanken, die andere beim Betrachten eines Bildes haben, verblüffende Intentionen enthalten, auf die man selbst gar nicht kommen würde. Die Malerin kann sich danach zu ihrem Bild stellen und sagen, was sie damit ausdrücken wollte. Eine andere Möglichkeit ist es, neben die gemalten Werke jeweils ein weißes Blatt zu hängen, auf das die anderen Teilnehmerinnen einen Titel schreiben, den sie dem Bild geben würden.

b) Fadenbilder

Stoffstücke (mindestens 30 x 30 cm) und Wollfadenreste liegen in großer Auswahl bereit; auf den Tischen stehen Gläser mit Wasser. Die Aufgabenstellung kann lauten: »Mcin Lebensweg« oder »Wie ich zur Zeit mein Leben sehe« oder »Wie ich Gottes Güte über mir empfinde«. Meditative Instrumentalmusik im Hintergrund hilft, zur Ruhe zu kommen. Für die Herstellung der Bilder sollte viel Zeit sein (wenigstens 30 Minuten), damit die Beschäftigung mit dem Thema nicht oberflächlich bleibt. Viele Frauen werden nach längerem Betrachten ihr Fadenbild immer wieder verändern, bis sie den ihnen gemäßen Ausdruck gefunden haben. Die Wahrnehmung »Ich bin wichtig, Gott nimmt mich und mein Dasein ernst« wird verstärkt. Beim Zeigen und Erklären der Bilder (günstig in Kleingruppen von höchstens drei Frauen) kann es zum gegenseitigen Verstehen und zu positiver Verstärkung kommen.

c) Collagen

Dazu braucht man Tapetenreste, Zeitschriften, Scheren, Uhu und Filzstifte. Die Frauen werden gebeten, in Kleingruppen zu einem Thema oder einer Fragestellung Bilder und Überschriften aus Zeitungen auszureißen oder auszuschneiden und auf einem Tapetenstück aufzukleben. Mit Filzstift können Fragen und Anmerkungen dazugeschrieben werden. Die Collagen werden dann den anderen Kleingruppen vorgestellt und miteinander besprochen. Den Abschluß kann eine kurze Andacht zum Thema bilden.

ML

16. Das Gebet

Beten sollten wir nicht als Pflichtübung verstehen und auch nicht als Anhängsel an eine Gruppenstunde, im Sinne von »Nun wollen wir auch noch eben schnell beten . . .« Wenn wir selbst als Mitarbeiterinnen aus dem Reden mit Gott Kraft schöpfen für unseren Alltag und diese lebendige Beziehung mit Gott ganz bewußt pflegen, dann können wir auch Frauen, die in unsere Gruppen kommen, dafür begeistern.

Sicher muß man bei ganz »neuen« Frauen, die mit Glauben bisher nicht viel zu tun hatten, erst einmal eine kurze Einführung in das Thema Gebet geben. Oft reicht es aber auch schon, wenn Frauen, die gute Erfahrungen mit dem Beten gemacht haben, das ganz kurz in einem Satz weitergeben, zum Beispiel: »Ich bete, weil es mir guttut, meine Fragen vor Gott auszusprechen«, oder: »Ich rede mit Jesus, weil ich ihm danke sagen möchte für seine Liebe.« So werden die verschiedenen Aspekte des Betens beleuchtet, und andere werden ermutigt, es auch einmal auszuprobieren – zunächst für sich allein in der Stille, dann aber auch irgendwann in der Gruppe. Wichtig ist, daß das alles ohne Druck geschieht. In dem Maß, wie eine Frau sich für Gottes Wort öffnet, wird sie auch in dem ihr gemäßen Tempo das Gebet entdekken, wenn wir sie liebevoll dabei unterstützen.

Eine gute Erklärung dafür, warum das Gebet wichtig ist, ist nach wie vor der Hinweis darauf, daß in einer Liebesbeziehung ja auch einer dem anderen mitteilt, wie es ihm geht. Gott hat uns lieb und wünscht sich, daß wir ihm sagen, daß wir ihn auch lieb haben. Er wartet auf unser Reden und möchte hören, was uns freut und was uns quält. Er wünscht sich auch, daß wir nach dem Aussprechen unserer Anliegen still werden und ihm Gelegenheit geben, zu uns zu sprechen. Wenn wir wirklich unsere »Antennen für Gott« ausgefahren haben, kann er uns durch Gedanken und Visionen einen Blick für seine Anliegen geben – und vielleicht auch für unseren Platz bei ihrer Verwirklichung.

Mir selbst ist schon öfters in der Stille ein Impuls gekommen, den ich mir selbst sicher so nicht hätte geben können. Wenn ich sage, daß Gott heutzutage nicht mehr zu Menschen redet, verbaue ich mir die Erfahrung, daß er – in meinen Gedanken, manchmal aber auch laut und deutlich – zu mir spricht. Sicher hat uns Gott nicht jeden Tag etwas zu sagen; solche »Höhepunkte«, in denen uns ganz klar eine Botschaft Gottes erreicht, sind eher selten. Aber ohne die Offenheit, in der Stille Gottes Reden wahrzunehmen, werden wir es gar nicht erleben. Und auch, wenn in der Stille gar nichts weiter passiert und unsere Gedanken spazierengehen – schon das bewußte Innehalten im Alltagstrubel hat einen Wert.

1) Das persönliche Gebet

»Beten heißt: mitten durch Kälte und Finsternis hindurchwandern und zum Vater gehen« (F. v. Bodelschwingh).

Beten: einfach mit Jesus reden wie mit einem guten Freund, der mich im Innersten versteht und annimmt, so wie ich bin, aber bei dem ich nicht bleiben muß, wie ich bin, weil er mich liebevoll umgestalten will in sein Bild.

Beten: Gott loben und preisen – für seine Güte und Treue, für seine wunderbare Schöpfung, für seine Gnade und Barmherzigkeit. Gott loben, weil er ist, wie er ist.

Beten: Gott danken – für die vielen kleinen Anzeichen seiner Begleitung und Führung in unserem Leben, für Bewahrung und Hoffnung und Lebensenergie; aber auch für Nichtverstandenes und schmerzvolle Erfahrungen, weil dadurch manchmal Entscheidendes deutlich wird.

Beten: Gott bitten – um Gerechtigkeit und Frieden und Bewahrung der Schöpfung, aber auch für meine ganz persönlichen Anliegen, Ängste und Sorgen, für meine Familie, meine Verwandten, meine Freunde, meinen Hauskreis, meine Gemeinde.

Beten: auf Gott hören – still werden vor ihm, mich für seine Impulse öffnen, einfach vor Gott ausruhen und das Zur-Ruhe-Kommen meiner Gedanken und Sinne genießen.

2) Das freie gemeinsame Gebet

Oft ist es sinnvoll, das gemeinsame Beten etwas zu strukturieren. Anbetung und Lob – Dank – Bitte und Fürbitte – Stille zum persönlichen Hören auf Gott – diese Elemente, eventuell unterbrochen durch Liedverse und jeweils eine kurze Einführung können ein roter Faden sein.

In einer Gruppe, wo das »öffentliche Beten« erst noch eingeübt werden soll, ist es eine Hilfe, wenn jede Frau sich auf einen Satz beschränkt, den sie Gott sagt. Eine gute Möglichkeit, »öffentlich« beten zu lernen, ist es auch, in der Stille ein Gebet aufzuschreiben und es dann, wenn man möchte, vorzulesen.

3) Das vorformulierte gemeinsame Gebet

Das bekannteste Gebet ist das Vaterunser, das sehr gut als Abschluß von freien Gebetsgemeinschaften gesprochen werden kann: »Und alles, was wir noch unausgesprochen in unseren Herzen haben, schließen wir ein in das Gebet, das du, Jesus, deine Jünger gelehrt hast: Unser Vater im Himmel . . .« Hier können auch die Frauen von ganzem Herzen einstimmen, die sonst nicht gewohnt sind, Gebete laut auszusprechen.

Die Psalmen sind ja zum größten Teil Gebete, die wir ganz oder teilweise miteinander sprechen können. In manchen Liederbüchern sind solche Psalmen, für die Liturgie vorbereitet, aufgeschrieben. Eine liest den Versbeginn, die anderen jeweils die eingerückten Abschnitte. Aber auch vorformulierte Gebete von Kirchenvätern und -müttern sind eine gute Möglichkeit, gemeinsam zu beten (z.B. »O Herr, mach mich zu einem Werkzeug deines Friedens«, das Franz von Assisi zugeschrieben wird).

Inzwischen gibt es auch viele verschiedene Segenswünsche, die als Abschluß einer Gruppenstunde vorgelesen werden können. Gemeinsam ein Segenslied zum Schluß zu singen (zum Beispiel »Geh unter der Gnade« von Manfred Siebald oder »Meine Zeit steht in Deinen Händen« von Peter Strauch), kann auch ein guter Brauch werden. Ein reicher Schatz an Liedern, Gedichten und Gebeten findet sich in den neuen Gesangbüchern der evangelischen Landeskirchen. ML

17. Das Referat

1) Das Thema

Wie findet man ein Thema, das möglichst viele Frauen interessiert? Ich habe meistens gute Erfahrungen damit gemacht, in einer Frauenstunde um anonyme Themenvorschläge zu bitten. Die ausgeteilten kleinen Zettel kamen fast immer mit sehr ehrlichen und/oder verblüffend originellen Themen zurück. Eine andere Möglichkeit ist es, einen Themenkatalog vorzugeben und die Frauen zu bitten, diejenigen Vorschläge anzukreuzen, die ihr Interesse wecken.

Für ein Referat bieten sich die Themen an, die in einer Andacht oder Bibelarbeit nicht umfassend genug behandelt werden können und für die die Teilnehmerinnen wichtige Informationen brauchen, um sich mit ihnen besser auseinandersetzen zu können. »Wie ver(sch)wende ich meine Zeit?« könnte helfen, Prioritäten zu erkennen und im eigenen Leben zu setzen; »Eine Wahrheit – oder viele?« kann einen knappen Vergleich verschiedener Religionen bieten; »Beten – wie macht man das?« führt ins Gebet ein.

2) Die Referentin

Wer referieren will, muß gut informiert sein über das, was er weitergeben will. Jede Mitarbeiterin kann sich zu einem bestimmten Thema kundig machen und Erfahrungen sammeln, die sie dann im Referat weitergibt. Eine engagierte Mutter kann auch ohne Pädagogikstudium kompetent über Erziehungsfragen sprechen und von Erlebnissen aus der eigenen Praxis berichten. Auch Teamarbeit ist sinnvoll: Gemeinsam ein Thema auszuarbeiten, kann schon in der Vorbereitung sehr bereichernd sein.

Außerdem können »Fachfrauen« zu bestimmten Themen eingeladen werden, die aus ihrem beruflichen Alltag stammen: Hebammen zum Thema Schwangerschaft, Geburt und Säuglingspflege; Pädagoginnen zu Erziehungsfragen und dem Umgang miteinander; Juristinnen zur Frage nach notwendigen Absicherungen im Alter; Autorinnen zu ihrem Buchtitel usw. Wichtig ist dabei vor allem, daß die Referentinnen ihr Fachwissen allgemeinverständlich weitergeben können.

3) Aufbau des Referats

Sinnvoll ist es, wenn die Referentin sich selbst kurz vorstellt oder von einer anderen Mitarbeiterin kurz interviewt wird, damit die Zuhörerinnen wissen, wen sie vor sich haben. Das schafft oft schon eine Vertrauensgrundlage, und man kann besser zuhören, wenn einige Grundfragen am Anfang geklärt sind. Frauen sind vor allem Beziehungswesen und interessieren sich für die Person, die ein Thema vermittelt. Wie alt ist sie, verheiratet oder ledig, hat sie Kinder, was ist ihr Beruf, wie ist sie gerade auf dieses Thema gestoßen, und was hat es ihr gebracht? Wenn diese Grundfragen beantwortet sind, kann man viel entspannter zuhören und die sachliche Ebene des Themas besser aufnehmen.

Eine Hilfe ist es, wenn die Referentin eine Gliederung des Themas für jede Teilnehmerin mitbringt oder sie per Tageslichtschreiber an die Wand wirft. So wird es leichter, dem roten Faden des Vortrags zu folgen. Praktische Beispiele lockern das Referat auf und schaffen den Bezug zum eigenen Leben.

4) Zeitdauer und Abschluß

Ein Referat kann zwischen 15 und 45 Minuten lang sein; das muß vorher je nach Gruppensituation genau abgesprochen werden. Bei Vorträgen über 30 Minuten Länge empfiehlt es sich manchmal, das Referat in zwei Sinnabschnitte aufzuteilen und in der Mitte bzw. nach zwei Drittel des Referats eine zehnminütige Gesprächspause mit zwei bis drei vorgegebenen Fragen in Kleingruppen einzuschieben. Bei kürzeren Referaten kann diese Gesprächseinheit für den Schluß eingeplant werden.

Eine andere Möglichkeit ist es, die Referentin zu befragen. Dabei können die Fragen, die während des Vortrags entstanden sind, an die Referentin gestellt werden. Sinnvoll ist dabei, wenn eine andere Mitarbeiterin alle Fragen zunächst aufschreibt und nach Themenkreisen bündelt. Gegensätzliche Meinungen der Teilnehmerinnen müssen und dürfen deutlich gemacht werden und bilden oft den Ausgangspunkt für eine erfrischende Diskussion. Wichtig ist, daß jede sich in ihrer Einstellung ernst genommen fühlt. Eine kurze Zusammenfassung der wesentlichsten Gedanken durch die Referentin kann den Abend abrunden.

5) Notwendige Absprachen mit der Gastreferentin

Außer den üblichen Informationen über Gruppengröße, Teilnehmerkreis, Inhalt und Dauer des Referats, Anfahrts- und evtl. Unterbringungsmöglichkeiten sollte auch konkret über die finanzielle Seite (Honorar, Erstattung der Fahrtkosten etc.) gesprochen werden.

6) Material für die eigene Vorbereitung zum Referat

Bücher zu verschiedenen Fachbereichen helfen, einen gründlichen Einstieg in das gewünschte Thema zu finden. Daneben sollte man in der Zeit der Vorbereitung Augen und Ohren offen halten für Berichte in Zeitungen und Zeitschriften, die das Thema aufgreifen. Solche konkreten »Aufhänger« fesseln meist die Aufmerksamkeit der Frauen stärker als eine mehr sachliche Einführung. Auch das Erzählen einer kurzen, vielleicht selbsterlebten Begebenheit am Anfang lockert die Atmosphäre auf und hilft, sich mit der Referentin ein Stück weit zu identifizieren.

Ein Sketch zum Thema, der in der Überspitzung einen Aspekt so deutlich macht, daß man darüber lachen kann, ist oft ein sehr guter Start in den Vortrag. Nach der Erkenntnis »Das könnte etwas mit mir zu tun haben« ist die Aufmerksamkeit viel größer. Ebenso ist es mit einer Pantomime oder einem Kurz-Interview mit Frauen in verschiedenen Lebenssituationen. Der Vorteil bei all diesen Einstiegen: Die Teilnehmerinnen werden in ihrer Situation abgeholt und können anschließend besser zuhören.

Eine gute Hilfe zur Vertiefung (zwischendurch oder am Schluß des Referats) sind auch passende Lieder von einer MC oder CD, die vorgespielt werden. Noch stärker ist ihr Eindruck in Verbindung mit einem stimmungsvollen Dia oder einer entsprechenden Post- oder Faltkarte für jede Teilnehmerin. Aussagen »berühmter Frauen und Männer« können die Identifikation mit dem Gehörten verstärken.

Günstig ist es, sich zu dem vorzubereitenden Referat eine kleine Sammelmappe anzulegen, in die man alles legt, was in irgendeiner Weise in diesem Zusammenhang interessant sein könnte (Ideen für Sketche, Lieder, Dias, Gebete, Gedanken, Gedichte, Zeitungsartikel). Aussortieren und wegwerfen kann man dann immer noch! Wer ein Referat vorbereitet, hat ganz sicher selbst den größten Gewinn: Das intensive Auseinandersetzen mit einem bestimmten Thema bringt schon viel, und die Freude, das Erarbeitete und dabei Erlebte weiterzugeben, läßt das auch für die anderen Frauen »rüberkommen«.

ML

IV. So unterschiedlich kann die Arbeit sein

18. Verschiedene Modelle für regelmäßige Treffen

1) Zielgruppe: gemischtes Alter
   Zeitpunkt: wöchentlich, abends
   Inhalt: Themen (Referate und Gespräche), Bibelarbeit, Andacht, Buchbesprechung, kreatives Gestalten (Basare), Feste und Feiern
   Betreuung: Leiterin oder Team
2) Zielgruppe: ältere Frauen
   Zeitpunkt: wöchentlich, monatlich, 14tägig, nachmittags, oft mit Kaffeetrinken verbunden
   Inhalt: Lebensbilder (Besprechung oder Vorlesen), Andacht, Handarbeiten, Ausflüge
   Betreuung: Leiterin oder Pastor, Gemeindeschwester, Gemeindehelferin
3) Zielgruppe: ältere Frauen
   Zeitpunkt: unterschiedlich
   Inhalt: Missionsberichte, Andachten, Gebetsgemeinschaften
   Betreuung: Leiterin, Missionarinnen im Heimaturlaub (besondere Treffen)
4) Zielgruppe: junge Frauen
   Zeitpunkt: 14tägig oder monatlich, seltener wöchentlich
   Inhalt: Themen (oft Erziehungsthemen), Bibel-

		arbeiten, Buchbesprechungen, kreatives Gestalten
	Betreuung:	Team oder Leiterinnen
5)	Zielgruppe:	junge Mütter mit Kleinkindern
	Zeitpunkt:	meist morgens oder nachmittags
	Inhalt:	Austausch, zwanglos oder mit Themen, Spiele mit den Kindern
	Betreuung:	Leiterin oder Team

Daneben spezielle Kreise: für kreatives Gestalten, für Kunst und Literatur, für Singles, für Nachbarschaftstreffen etc.

ED

19. Der Spielkreis oder Mutter-Kind-Treff

Viele junge Mütter, die vor der Babyphase im Beruf ihre Frau gestanden haben, fühlen sich oft unterfordert im Alltag mit ihrem Krabbelkind. Sie wünschen sich jemanden, der in der gleichen Situation ist, mit dem man über günstige Einkaufsmöglichkeiten für Windeln, aber auch über die wirklich wesentlichen Dinge sprechen kann. Aus diesem Bedürfnis entstanden – oft in Gemeinderäumen – Treffpunkte für Mütter und ihre Kleinkinder. Hier werden zwei Fliegen mit einer Klappe geschlagen: die Mütter haben Ansprechpartnerinnen, die Kinder Spielkameraden.

Entsprechend aufgelockert ist meist das Programm. Viele Spielkreise haben sich für eine bestimmte Zeit ein »Themalied« gewählt, das jeweils zum Anfang und zum Schluß der Stunde gesungen wird und für die Kinder einen guten Wiedererkennungseffekt hat. Oft werden dazu Bewegungen eingeübt, die Mütter und Kinder gemeinsam lernen. Gruppen, die sich am Vormittag treffen, beginnen oft mit einem gemeinsamen Frühstück und persönlichem Austausch, um danach auf eine kurze Andacht zu hören, einige Impulse zu einem gewünschten Thema zu bekommen oder miteinander einen Bibeltext zu erarbeiten.

Was für die jeweilige Gruppe dran ist, wird durch die Wünsche der Teilnehmerinnen deutlich. Wir arbeiten zum Beispiel in Melsungen seit fast sechs Jahren nach der Västerås-Methode in jeweils kleinen Textabschnitten die Evangelien und Briefe miteinander durch – und bis jetzt ist es uns noch nicht langweilig geworden, wenn wir fragen, welche Bedeutung die biblischen Geschichten heute noch konkret für unseren Alltag haben. Mit der Frage: »Was will ich mir für die nächste Woche aus diesem Bibelabschnitt merken?« schließen wir oft unsere morgendliche Runde. Die Kinder spielen meistens ganz friedlich miteinander; manchmal gibt es allerdings auch Streit und Geschrei. Aber wenn ein Kind eine Weile auf dem Schoß der Mutter gesessen hat, rutscht es meist von allein wieder runter und mischt sich von neuem unter die anderen Kinder.

Die Schwerpunkte der Spielkreise sind unterschiedlich. Manche haben sich besonders zur Aufgabe gemacht, Müttern und Kindern das Miteinander-Spielen wieder neu beizubringen. So nehmen Kreis- und Bewegungsspiele einen breiten Raum ein. Für die Kinder gibt es kleine Vorlesegeschichten, Erzählungen oder Kasperletheater-Aufführungen. Über die gelesenen, erzählten oder gespielten Geschichten kann man dann mit den Müttern ins Gespräch kommen; gute Bilderbücher, Kinderbibeln, Hörspiel- oder Musikkassetten können so empfohlen werden.

Oft ist die Unsicherheit in bezug auf die Erziehung der Kinder sehr groß. Dann bietet es sich zum Beispiel an, jeweils ein Kapitel aus dem Buch »Kinder sind wie ein Spiegel« von Ross Campbell

(Francke Verlag, Marburg, 1979 ff.) vorzulesen und sich anschließend darüber zu unterhalten. Auch was eine Frau aus der eigenen Erfahrung weitererzählt (nur bitte nicht von oben herab, sondern auch ganz ehrlich das eigene Fehlverhalten einschließend!), lädt zum Austausch ein. Allen gemeinsam stellt sich dann die Frage: »Wie können wir es besser machen?« Offenheit, die eigenen Fehler zuzugeben, hilft auch den anderen Müttern, zu dem zu stehen, was nicht so gut läuft.

Sinnvoll ist es, wenn in einem Spielkreis vor allem auch junge Mütter mitarbeiten, die selbst in der Situation der Teilnehmerinnen sind, die das, was sie dort tun und sagen, also existentiell betrifft. Sie können mitfühlen, aber auch Perspektiven aufzeigen, wie sie z.B. mit dem »Hausfrauenfrust« umgehen, sie können Tips für oder gegen das abendliche Aufräumen geben, dem Kampf ums Sauberwerden die Spitze nehmen, Bettgeh-Rituale miteinander besprechen. Viele Mütter werden durch die Aufgabe, die ein Kind an sie stellt, auch wieder an Gebete erinnert: solche, die sie verabscheuten, und solche, die sie gerne mochten. Mit Kleinkindern sich wieder selbst dem Gott nähern, der mein und unser aller Leben in seiner Hand hat - diesen Weg können Mütter-Kinder-Treffs ebnen.

Einladen kann man zu diesen Spielkreisen durch Handzettel, durch Abkündigung im Gottesdienst, vor allem aber durch Mund-zu-Mund-Propaganda. Eine Mutter, der es in unserer Gruppe gefällt, bringt beim nächsten Mal eine Bekannte mit - die beste und billigste Werbeaktion.

ML

Literaturtip: Gunhild Kröger, *Praxisbuch Kleinkinderkreis,* Hänssler-Verlag, 4. Auflage, Neuhausen-Stuttgart 1995

20. Der Gebetskreis

Gebetskreise können sich treffen, wann immer es für die einzelnen Mitglieder günstig ist: ob morgens vor der Arbeit (dann oft als »Gebetsfrühstück«), am Vormittag, am Nachmittag oder am Abend. Wichtig ist, daß die Teilnehmerinnen sich darüber abstimmen und dies Treffen möglichst regelmäßig wahrnehmen.

1) Gebetskreis zum persönlichen Austausch

Hierbei geht es zunächst darum, daß jede kurz ihre persönlichen, familiären oder gemeindlichen Anliegen nennt, die sie zur Zeit beschäftigen. Nach Rückfragen zum besseren Verständnis wird dann konkret füreinander gebetet. Das nächste Treffen beginnt meist mit der Nachfrage, wie die Situation, für die man gemeinsam gebetet hat, sich zur Zeit darstellt. Manchmal gibt es eine lange »Durststrecke« mit Problemfällen und vielen Widrigkeiten, dann wieder können alle sich mitfreuen und Gott danken und loben, wenn ein Problem gelöst oder eine Schwierigkeit behoben ist. In kleinen Gebetsgruppen (2 bis 3 Personen) ist keine besondere Ordnung nötig; bei größeren Gebetskreisen empfiehlt sich eine Unterteilung in

- Lob und Anbetung Gottes, weil er ist, wie er ist;
- Dank für alles, was Gott uns Gutes getan hat;
- Bitte und Fürbitte für das, was uns belastet und worum wir Gott bitten wollen.

Jeder Gebetsteil wird mit dem Sammeln von Anliegen begonnen, damit man konkret für die jeweilige Situation beten kann. Zwischen den einzelnen Gebetseinheiten kann auch ein Liedvers gesungen werden, aber das muß jede Gruppe selbst entscheiden. In einem kleinen Kreis entsteht bald eine große Vertrautheit miteinander, weil man sich hier auch mit seinen Schwächen und Ängsten kennenlernt und nicht nur mit der immer strahlenden, vermeintlich christlichen Außenseite. Wieviel Not und Leid wird auch unter Christen nicht ausgesprochen, weil man sich nicht traut, das »Heile-Welt-Image« aufzugeben. »Christen sind nicht besser, aber besser dran« – dieser Satz hilft mir immer wieder, mich auch vor Mitschwestern zu meinem Versagen und meiner Schuld zu stellen und sie gemeinsam zu Jesus zu tragen, der mir von Herzen vergibt, wenn ich es ehrlich meine.

2) Gebetskreis aus einem aktuellen Anlaß

Wenn jemand in persönlichen oder gesundheitlichen Schwierigkeiten steckt, eine christliche Gemeinde sich wegen Unversöhnlichkeit zu spalten droht, wenn missionarische Aktivitäten anstehen oder eine Bibelwoche zur Stärkung der einzelnen Gemeindeglieder geplant ist: Es tut gut, sich zum Beten zu treffen und alles Jesus hinzulegen und ihn zu bitten, daß er etwas Positives daraus macht. Das gemeinsame Beten verbindet und befreit uns davor, zu meinen, daß wir alles selbst machen müssen. Es hilft, die Prioritäten geradezurücken und deutlich zu machen, daß letztlich alles an Gottes Segen gelegen ist. Auch wenn solch ein Gebetskreis sich nach einer kurzen Zeit wieder auflöst, ist er wichtig: »Wir sollten arbeiten, als ob alles Beten nichts nützt, und beten, als ob alles Arbeiten nichts nützt.« (Martin Luther)

ML

21. Gesprächskreise

1) Gesprächskreis, themenorientiert

Eine Frau lädt in ihre Wohnung ein, damit man sich in familiärer Atmosphäre über einen Text oder ein Thema miteinander unterhalten kann. Das kann natürlich auch reihum geschehen, so daß immer eine andere Frau Gastgeberin ist. Die Themen sollte man gemeinsam für einen gewissen Zeitraum im voraus aussuchen und auch klären, wer jeweils die einführenden Worte übernimmt. So kann man das vorzubereitende Thema über Wochen »im Herzen bewegen« und entsprechendes Material und Ideen dazu zusammentragen. Ein Gesprächskreis sollte nicht mehr als 12 Teilnehmerinnen haben; weniger sind günstiger, damit jede die Chance hat, sich an der Unterhaltung zu beteiligen. Außerdem ist es in einem kleinen, vertrauten Kreis möglich, daß sich nach einiger Zeit auch Frauen an die Vorbereitung wagen, die sonst eher zurückhaltend sind. Nach der manchmal kurzen, manchmal längeren Einführung wird das Thema gemeinsam besprochen, und jede trägt ihre Sicht dazu bei. Auch kontroverse Gedanken dürfen stehenbleiben, es muß nicht alles »begradigt« werden. Jede wird mit ihrer eigenen Sichtweise ernst genommen.

2) Gesprächskreis, bibeltextorientiert

Die äußeren Voraussetzungen beim Gesprächskreis über Bibeltexte sind gleich. Die Texte werden gemeinsam beispielsweise für ein Vierteljahr festgelegt. Mit Hilfe von verschiedenen Bibelkommentaren können sich die Frauen über den Hintergrund des Textes und die wesentlichen Grundaussagen informieren. Auch hierbei ist es günstig, wenn die Vorbereitung wechselweise geschieht, sonst entsteht leicht ein Konsumenten- und Abhängigkeitsverhalten: »Die hat das studiert, die muß das wissen!« Der Text selbst kann mit verschiedenen Bibellese-Methoden »durchforstet« werden (s. Methoden der Bibelarbeit), damit die Frauen den Bezug zu ihrem Alltag herstellen können. Auch hierbei sollte jede Idee, jede Stellungnahme einfach angenommen werden, auch wenn sie nicht genau die Aussage des Textes trifft. Wenn ein Bibelwort lebendig wird und zu mir persönlich spricht, dann kann es schon mal eine ganz andere Intention haben als das, was man gemeinhin als Auslegung dazu liest. Wir sollten uns gegenseitig die Freiheit lassen, Gottes Wort auch auf eine ganz überraschende Art zu hören. (Natürlich muß korrigiert werden, wenn die »Erkenntnis« offensichtlich im Gegensatz zum Wort Gottes steht.)

3) Missionarischer Hauskreis

Frauen laden andere Frauen zum Austausch über Lebens- und Glaubensfragen ein oder zum gemeinsamen Lesen in der Bibel. Die Sehnsucht, jemanden zu haben, mit dem man auch existentielle Fragen besprechen kann, ist heute größer als je zuvor. Andererseits ist da die Angst, von einer Gemeinde oder Gemeinschaft (vielleicht ist es ja sogar eine Sekte!) vereinnahmt zu werden. Deshalb sind Hauskreise, die auf privater Ebene angeboten werden, eine gute Möglichkeit, Frauen zu erreichen. Bei lockerer Kontaktaufnahme können Ängste abgebaut werden, das Vertrauen zueinander wächst langsam. Und die Gespräche über Leben und Glauben, Gott und die Welt tun gut und geben ganz neue Perspektiven. Beim Bibellesen entdecken viele Frauen, daß sie bisher ganz falsche Vorstellungen vom »Buch der Bücher« hatten, und bekommen einen neuen Zugang zum Wort Gottes.

Wichtig ist bei einem Kreis mit Frauen, die bis dahin wenig bis gar nichts mit Christsein am Hut hatten, daß die Leiterinnen verständlich vom Glauben reden, keine kanaanäischen Wortschöpfungen gebrauchen, liebevolle Hilfestellung beim Suchen von Bibeltexten geben, ihre Überlegenheit nicht zur Schau stellen und auch nicht so tun, als hätten sie auf alles eine Antwort. Wir müssen nicht auf alles eine Antwort haben, aber wir können miteinander versuchen, der Wahrheit auf die Spur zu kommen. Wer bereit ist, sich auf diesen Weg einzulassen (»Christen sind Menschen, die auf dem Weg sind«), wird reich beschenkt!

4) Glaubenskurse zur Weiterführung von jungen Christinnen

Wenn eine Frau den Schritt wagt und Christin wird, sind oft noch viele Fragen offen. Deshalb ist Schulung in den grundlegenden Dingen des christlichen Glaubens nötig. Man kann dies in kleinen Kurseinheiten tun; meines Erachtens ist aber das Gespräch zu zweit noch günstiger, weil man auf die ganz persönliche Situation des Gegenübers eingehen kann und weil auch ganz persönliche Dinge wie Beichte und Klärung der Lebensverhältnisse zur Sprache kommen können.

Manchmal ist es aber auch sinnvoll, einige Grundfragen des Glaubens im kleinen Kreis miteinander zu besprechen und das Umsetzen in den Alltag gemeinsam einzuüben. Hier können auch Stille Zeit, Beten und Bibellesen »ausprobiert« werden, mit konkreten Anregungen, wie man es auch allein für sich praktizieren kann. Dabei sollte immer Zeit sein, über Schwierigkeiten, Zweifel und konkrete Lebensprobleme zu sprechen.

ML

22. Leitsätze für Mitarbeiterinnen in einer missionarischen Gesprächsgruppe

a) Die Gesprächsgruppe ist nicht in erster Linie für mich, für meine Fragen und Bedürfnisse, sondern für die gemeindefremden Frauen gedacht.

b) Ich bin Mitarbeiterin und von Gott verantwortlich in diese Aufgabe gestellt.

c) Ich will helfen, eine persönliche und fröhliche Atmosphäre zu schaffen, zum Beispiel dadurch, daß ich auf andere zugehe.

d) Ich bitte Gott um Kontakte zu gemeindefremden Frauen und lasse mir von ihm zeigen, um wen ich mich besonders bemühen soll.

e) Ich suche Möglichkeiten, diese Kontakte zu Freundschaften auszubauen, zum Beispiel durch Telefonate und Einladungen.

f) Wir reden nicht über die anderen in der Gesprächsgruppe, sondern über uns.

g) Vertrauen und Offenheit kann ich nie fordern. Sie sind immer ein Geschenk, das ich geben und empfangen kann.

h) Ich kritisiere die gemeindefremden Frauen nicht wegen ihrer Einstellungen oder ihres Verhaltens. Jede Kritik läßt Mauern wachsen.

i) Dagegen erzähle ich von meinen Erfahrungen im Leben mit Jesus.

j) Ich will geduldig darauf warten, daß Gott an den Herzen meiner nichtchristlichen Freundinnen wirkt.

k) Wir Christinnen bilden ein Team und beten miteinander und füreinander in einer Gebetsgruppe.

l) Wir brauchen dringend den Rückhalt der Gemeinde. Sie sendet und segnet uns. Wir berichten von unserer Arbeit und bitten um Fürbitte.

GS

V. Wir organisieren größere Treffen, Tagungen und Freizeiten

23. Frühstückstreffen für Frauen

1) Der Anfang

Es ist tatsächlich ein Phänomen, was sich seit dem 24. September 1983 getan hat. An diesem Tag begann Barbara Jakob gemeinsam mit einem Mitarbeiterinnen-Team die »Frühstückstreffen für Frauen«. Als ich sie kennenlernte, fragte ich, ob sie nicht sehr stolz darauf sei, wie rasant sich ihre Idee durchgesetzt habe. Doch sie meinte nur ganz schlicht: »Ich bilde mir nichts darauf ein. Die Zeit war einfach reif für die Arbeit der Frühstückstreffen. Es war ein Gehorsamsschritt, daß ich das aufgegriffen habe, was mir deutlich geworden ist. Sonst hätte Gott es sicher jemand anderen tun lassen. Darum sind die Frühstückstreffen letzten Endes auch nicht von Menschen gemacht – so empfinde ich es –, sondern sie fingen an, weil Gottes Zeit dafür da war.«

2) Frühstückstreffen heute

Inzwischen gibt es in 149 Städten im deutschsprachigen Raum Frühstückstreffen für Frauen. Drei- bis fünfmal im Jahr werden die Veranstaltungen angeboten und von jeweils zweihundert bis achthundert Frauen besucht. Die Arbeit läuft bewußt überkonfessionell, als Treffpunkt wird ein »neutraler« Ort gewählt, an den auch Frauen kommen, die sonst nie in eine Kirche gehen würden. Und es kostet etwas! Es geht zunächst eher um ein unverbindliches Teilnehmen an einem Seminar: gemütlich essen, gepflegte Musik und einen ansprechenden Vortrag hören, über neue Perspektiven nachdenken, sich gut unterhalten. Wichtig ist uns Mitarbeiterinnen, daß wir durch diese Art der Veranstaltung die Abwehr gegenüber den »Frommen« ein Stück abbauen, eine gemütliche Atmosphäre schaffen und Themen anbieten, die viele Frauen ansprechen.

3) Zielgruppe: »neue« Frauen

Wir sind erstaunt, daß immer wieder Frauen zu uns kommen, die vom Christsein und Glauben zunächst gar nichts halten. In den Gesprächen nach dem Vortrag können sie ihre Vorbehalte aussprechen und werden in ihrer Sicht ernst genommen. Oft ergeben sich danach offene, ehrliche Gespräche und ein erstes Nachdenken, ob nicht doch was an der Sache mit Gott dran sein könnte - zumindest das »Drumherum« ist sympathisch.

4) Zielgruppe: Christinnen

Natürlich kommen auch sehr viele gläubige Frauen zu den Treffen. Und ich bin froh darüber! Sie tanken auf, bekommen praktische Tips für ihren Alltag, fühlen sich rundherum wohl - und trauen sich dann auch mal, eine Nachbarin einzuladen. Der unbestrittene Vorteil der Frühstückstreffen: Man muß nicht so viele »Vorkenntnisse« mitbringen wie in der Kirche, und es wird auch gar nicht erwartet. Einige Frauen nehmen zum Beispiel

Anstoß daran, daß vor dem gemeinsamen Frühstück nicht gebetet wird. Aber wir wollen ja Schwellenängste abbauen und Formen, die für viele nicht mehr mit Inhalt gefüllt sind, erst einmal weglassen. Trotzdem wird vor und auch während der Veranstaltung viel gebetet – nur eben nicht für alle offensichtlich.

5) Ziel der Frühstückstreffen

Erklärtes Ziel der Frühstückstreffen ist es, Frauen zum Glauben an Jesus Christus einzuladen. Dem dienen auch die kleinen Gesprächskreise über Lebens- und Glaubensfragen, die nach den Treffen gebildet werden und die sich vierzehntägig oder monatlich treffen. In diesen Kleingruppen werden die Frauen ein Stück weitergeführt und betreut. Alle Fragen dürfen gestellt werden. Damit sich auch jede traut, die Themenbereiche anzusprechen, die ihr unter den Nägeln brennen, geben wir in unserer Gruppe in regelmäßigen Abständen Zettel aus. Darauf können die Frauen anonym ihre Fragen schreiben. Danach lesen wir die gewünschten Themen vor, sammeln Stimmen für jeden Vorschlag und besprechen die Themen in der Reihenfolge, die sich aus dem geäußerten Interesse ergibt.

6) Glaubenskurse

Außerdem gibt es in bestimmten Intervallen immer wieder mal einen »Glaubens-Grundkurs«. Dort gibt es in noch größerem Maße die Möglichkeit, über Grundsätzliches zu sprechen und sich über wichtige Dinge in bezug auf Gott und Glauben zu informieren.

7) Die Mitarbeiterinnen

Es bereichert ungemein, über den Tellerrand der eigenen Konfession hinwegzuschauen und andere Frauen kennenzulernen, die sich in ihren Kirchen und Gemeinden einsetzen. Die gemeinsame Frühstückstreffen-Arbeit hilft, sich gegenseitig zu akzeptieren und statt des Trennenden das Gemeinsame zu betonen. Unser Anliegen, Frauen zu Jesus zu führen, verbindet evangelische, katholische und freikirchliche Frauen.

8) Vorbereitungstreffen

Vor jedem »großen« Frühstückstreffen kommen wir als Mitarbeiterinnen zusammen. Zuerst hören wir eine Andacht, lernen etwas über Gesprächsführung oder erarbeiten in Kleingruppen ein Stück aus der Bibel. Danach kommt der organisatorische Teil. Die Referentin wird kurz vorgestellt mit ihrem Thema und den Fragen, die sie in die Tischrunden geben wird. Jede Mitarbeiterin überlegt sich, wo sie beim nächsten Mal Verantwortung übernehmen will. Die meisten tragen sich als Gesprächsleiterinnen für die Tischgruppen ein, einige für Kasse, Garderobe und Büchertisch. Fragen, die noch anstehen, werden ins Plenum gegeben: Wer kennt jemanden, der Musik machen kann? Wer ist bereit, etwas aus seinem Leben zu erzählen? Welche Töchter haben Lust, bei der Kinderbetreuung mitzuhelfen? Mit gemeinsamem Singen und Beten beschließen wir den Vorbereitungsabend. Jede nimmt sich noch reichlich Einladungskarten für das nächste Frühstückstreffen mit, um sie in Kindergärten, Arztpraxen, Familienbildungsstätten oder einfach in der Nachbarschaft zu verteilen. Bis zur Veranstaltung sind es dann meist noch drei Wochen.

9) Das Frühstückstreffen - ein konkreter Ablauf

Samstagmorgen, acht Uhr: Treffpunkt für alle Mitarbeiterinnen zum Beten im Hotel. Anschließend müssen Kasse, Garderobe und Büchertisch besetzt sein. Auch die Kinderbetreuerinnen sind eingetroffen und bauen ihr Bastelmaterial im kleinen Saal auf. Die Kassettenrecorder zum akustischen Vervielfältigen des Vormittags stehen bereit. Zwei Frauen kontrollieren, ob auf den Tischen nichts fehlt.

a) Es geht los!

Der Büchertisch ist von Anfang an umlagert. Manche wollen für ihre Kinder ein kleines Geschenk mitbringen, andere suchen anregende Literatur für sich. Einige Frauen finden sich trotz des inzwischen einsetzenden Gewühls und streben gemeinsam einem Tisch zu. Schnell füllt sich der gemütliche rote Saal. Mit einer freundlichen Begrüßung heißt uns die Moderatorin dieses Vormittags willkommen. Sie erklärt kurz, wer die Veranstalter dieses Treffens sind: »Frauen aus verschiedenen Kirchen und Gemeinden in X und Umgebung haben sich zusammengetan, um miteinander und mit Ihnen über Lebens- und Glaubensfragen ins Gespräch zu kommen. Unser Motto ist: Aufeinander zugehen - miteinander reden - zueinander finden. Und das erleben Sie jetzt sicher schon gleich an den Tischen. Deshalb genug der Vorrede und guten Appetit!«

b) Gespräche an den Tischen

Jede Gruppe hat ein oder zwei Tischverantwortliche, die sich darum bemühen, daß die Teilnehmerinnen sich wohlfühlen und daß das Gespräch an den Tischen in Gang kommt. Schnell sind wir mittendrin, und jede erzählt, wo sie herkommt und welche Erwartungen sie an den Vormittag hat.

c) Kurze Informationen und Musik
Die Moderatorin unterbricht vom Podium her unsere Unterhaltung, gibt einige Informationen zum Ablauf, leitet ins heutige Thema ein und begrüßt die Referentin. Einige Bücher zum Thema werden vorgestellt; dann hören wir ein Musikstück.

d) Ein Lebensbericht
Gespannte Stille herrscht, als danach eine Mitarbeiterin erzählt, wie sie eine schwere Lebenskrise mit der Hilfe Gottes durchgestanden hat. Krankheit, Ehebruch und nach langen, quälenden Jahren Scheidung: Man spürt, daß es ihr schwerfällt, darüber zu reden, und sie gesteht, daß sie auch jetzt noch nicht die Antwort auf alle ihre Fragen hat. Aber sie ist in Gott zur Ruhe gekommen mit der Gewißheit, daß er ihr in ihrer Situation beisteht. Wir danken ihr mit Applaus, daß sie uns einen kleinen Einblick in ihr Leben gegeben hat. Viele Frauen sind nachdenklich geworden.

e) Das Referat
Nach einer kurzen Pause geht es mit dem Referat weiter. Die Referentin stellt sich selbst kurz vor und beginnt dann mit ihrem Vortrag. Konkrete Beispiele und ein humorvoller Stil machen das Zuhören zum Vergnügen, so ernst die Sache, um die es geht, auch ist.

f) Einladung in kleine Gesprächskreise
Lebhafte Diskussionen an den Tischen setzen ein, als das Referat zu Ende ist. Ich motiviere die Frauen an meinem Tisch, die Kommentarkarten auszufüllen, und informiere kurz, wie es in unseren Gesprächsgruppen zugeht. Wichtig ist uns, daß wir an einem der nächsten Abende die Anstöße aus dem Referat vertiefen und uns miteinander Gedanken machen, was für jede von uns im Alltag brauchbar ist. Aber auch für andere Fragen ist Raum.

g) Schluß der Veranstaltung

Viele brechen jetzt auf. Einige haben noch Zeit zum »Schnuddeln«; andere drängen sich am Kassettentisch. Auch der Büchertisch ist wieder umlagert; die Nachfrage nach den empfohlenen Büchern zum Thema ist groß. Einige Mitarbeiterinnen stehen noch kurz zusammen und besprechen, was gut und was weniger gut gelaufen ist. Dankbar stellen wir fest: Der Aufwand hat sich gelohnt!

P.S.: In manchen Gegenden hat sich auch das »Abend-Treffen« (am Freitag- oder Samstagabend) mit Buffet bewährt. Der Programmablauf ist gleich, nur daß man sich dann nicht zum Frühstücken, sondern zum Abendessen trifft.

ML

24. Kleinere Frühstückstreffen

Neben den »Original-Frühstückstreffen« haben sich in vielen Orten kleinere Frühstückstreffen, meistens innerhalb von Gemeinden, oft auf Allianzebene als »Frauenfrühstück« gebildet. Im Prinzip gilt für diese Arbeit auch, was oben beschrieben ist. Hier noch einmal kurz zusammengefaßt neun Regeln, die man beachten sollte:

1. Gute Vorbereitung, incl. technischer Details
2. Offene Atmosphäre
3. Persönliche Begrüßung
4. Hilfe beim Zurechtfinden im Raum
5. Ablauf der Veranstaltung am Anfang erläutern
6. Auf Kinderbetreuung hinweisen

7. Wenn Tischgebet, dann in allgemeinverständlicher Sprache
8. Wenn Singen, dann einfache Lieder (nichts Kompliziertes einüben!)
9. Tischverantwortliche, die zuhören können und einfühlsam sind

ED

25. Frühstückstreffen-Nacharbeit

1) Abend-Treffen zur Vertiefung des FFT-Vortrags

Frauen, die sich gerne über das Gehörte während des Vortrags noch weiter mit anderen austauschen möchten, melden sich zu Nachfolgetreffen an, in denen mit verschiedenen Methoden das Thema und daraus entstehende weitere Fragen miteinander besprochen werden.

2) Glaubens-Grundkurse über vier bis sechs Abende

Zwei Mitarbeiterinnen bereiten für interessierte Frauen einen Glaubensgrundkurs vor, der von vornherein auf vier bzw. sechs Abende begrenzt wird. Sehr gute Arbeitshilfen gibt es dazu vom Bibellesebund (Bibellesen für Einsteiger; Begegnung mit Gott; Schrittweise - Zugang zur Bibel) oder von Campus für Christus (Die vier geistlichen Gesetze; Nacharbeitsblätter etc.).

3) Bibellesegruppen für Mütter mit Kleinkindern – ein Erfahrungsbericht

Nach einem »großen Frühstückstreffen« hatten wir auf den Kommentarkarten zwei Alternativen zum Ankreuzen angegeben: 1. Ich habe Interesse an einem Gesprächskreis zu Lebens- und Glaubensfragen; 2. Ich möchte Bibellesen lernen. Wir Mitarbeiterinnen waren bei der Auswertung sehr überrascht: Die mit Abstand meisten wollten gerne Bibellesen lernen! Und es waren viele Frauen, die bisher mit Glauben und Kirche »wenig am Hut hatten«. Also haben wir angefangen und gebangt, wie lange die Frauen wohl »dranbleiben« würden.

Inzwischen besteht dieser Arbeitszweig seit sechs Jahren – und im Laufe der Zeit mußten die Gruppen zweimal geteilt werden, weil die einzelnen Kreise zu groß wurden. Zur Zeit sind in den vier parallel laufenden »Bibellesegruppen für Mütter mit Kleinkindern« jeweils zwischen sechs und zehn Frauen mit ihren Kindern. Wir treffen uns jeweils vierzehntägig vormittags von 9 bis 12 Uhr abwechselnd in den Häusern.

Die Frau, bei der wir zu Gast sind, sorgt für das gemeinsame Frühstück und einen liebevoll gedeckten Tisch, an dem alle Platz haben. Eine Stunde lang ist Zeit zum gemütlichen Frühstücken, zum Austausch über das in der letzten Woche Erlebte, zum Nennen dessen, was bei jeder in der nächsten Zeit an frohen oder belastenden Terminen ansteht. So sind wir meistens recht gut informiert und können auch zu Hause konkret für die Anliegen der einzelnen Frauen beten. Danach räumen wir gemeinsam den Tisch ab, geben Einladungen zu besonderen Ereignissen in den verschiedenen Gemeinden weiter (Vorträge, große Frauenfrühstückstreffen, musikalische Veranstaltungen, Familien- oder Gemeinschaftstage etc.) und klären, was sonst noch Organisatorisches anliegt.

Um 10.30 Uhr setzen wir uns dann mit unseren Bibeln um den Tisch und lesen den vorher festgelegten Text reihum. Dabei untersteichen wir einige Worte oder Halbsätze im Text, die uns spontan ansprechen, negativ oder positiv berühren. In Form einer Echo-Meditation stellen wir diese einzelnen Worte oder Halbsätze ohne weiteren Kommentar in den Raum und lassen in einer kurzen Pause die Aussagen auf uns wirken. Der Text begegnet uns so neu; wir nähern uns den verschiedenen Bedeutungen der Worte und stellen sie in einen neuen Zusammenhang. Verblüffend ist, daß meistens schon bei dieser Wort-Sammlung der Zielgedanke des Textes mehrmals getroffen wird.

Anschließend arbeitet jede für sich den Bibeltext nach der Västerås-Methode durch und schreibt mit Bleistift ihre Fragezeichen (das verstehe ich nicht), Ausrufezeichen (das will ich mir merken) und Pfeile (das trifft mich ins Herz) an den Rand. Der Austausch darüber bringt oft ganz erstaunliche Fragen und Erkenntnisse zutage und zeigt, wie aktuell Gottes Wort auch heute noch in unsere Situation hinein reden kann. Zum Abschluß beten wir für die beim Frühstück genannten Anliegen oder sagen Gott, was uns vom Text her bewegt. Da viele Frauen das laute Beten vor anderen nicht gewohnt sind, haben wir in der letzten Zeit damit angefangen, daß jede einen Satz aufschreibt, den sie Gott sagen möchte, und ihn dann in der Gebetsgemeinschaft einfach vorliest. Das baut die Hemmschwelle zum Beten ab. Manchmal beten wir zum Schluß gemeinsam das Vaterunser, manchmal betet nur noch eine für uns alle.

Monatlich haben wir außerdem Abend-Treffen zu Themen, die sich die Frauen gewünscht haben, und vierteljährlich lockere Abendveranstaltungen, zu der wir auch die Ehemänner einladen.

ML

26. Ein Tag der Gemeinschaft

1) Wir wählen unter vier verschiedenen Möglichkeiten

Der Tag der Gemeinschaft wird als ein »Gästetag« gestaltet, um damit Kontakte zu Frauen aus unserem Bekanntenkreis zu knüpfen. Verschiedene Frauenkreise der Stadt treffen sich zum Kennenlernen. In einem Bezirk, einem Kreis, einer Stadt sollen Kontakte zwischen den Frauenkreisen gleicher Gemeindeart gepflegt und vertieft werden. Wir wollen über bestimmte Themen zueinander sprechen oder einfach die Freude an der Gemeinschaft als Christen und am gemeinsamen Tun vermitteln.

2) Wie wird ein »Tag der Gemeinschaft« vorbereitet?

Wichtig: Es muß frühzeitig mit der Vorbereitung begonnen werden! Ort, Zeitpunkt und Thema festlegen: Es muß vor allem ein zentral gelegener und ausreichend großer Raum sein. Unterschiedliche Beiträge zum Thema aussuchen und vorbereiten.

a) Einige Möglichkeiten:

- eine Geschichte oder Meditation zum Vorlesen;
- eine Diareihe oder eine Tonbildserie;
- Spiele, ein Quiz, kurze Spielszenen;
- kreatives Arbeiten, Basteleien.

b) Lieder aussuchen:

- aus den Liederbüchern;
- man kann auch Folien beschriften und über einen Tageslichtschreiber an die Wand projizieren;
- neue Lieder - wenigstens eines sollten die Frauen mit nach Hause nehmen, eine Art »Lied des Tages«.

c) Einen biblischen Text für die Besinnung aussuchen:

Eventuell auf Postkarte mitgeben, wenn es sich um einen kurzen, auf Karten gedruckten Text handelt.

d) Die passende Sitzordnung festlegen:

Es hat sich gezeigt:
- Tischgruppen mit 6-8 Personen sind gut geeignet für gemeinsames Reden und Handeln.
- Die Tische sollten numeriert sein. Es ist eine Hilfe bei Spielen, beim Quiz u.a.
- Für die Teilnehmerinnen werden Namensschilder vorbereitet. Es ist wichtig, daß man den Namen voneinander weiß und sich so richtig ansprechen kann. Um die Vorarbeit zu erleichtern, sind die Schildchen so gestaltet, daß die Teilnehmerinnen ihren Namen selbst eintragen können.

e) Materialvorbereitung:

- Für Spiele und Aufgaben an den Tischen werden in genügender Anzahl Zettel vorbereitet und - damit Neugier und Spannung nicht zu groß werden - in gekennzeichnete Umschläge gesteckt.
- Ebenso ist alles übrige Material (Dias, Projektor, Bastelmaterial für jeden Tisch usw.) vorbereitet.

f) Zeitlichen Ablauf planen. Beim Zusammenstellen der einzelnen Bausteine ist zu achten auf:
- Wechsel zwischen Zuhören und Gespräch.
- Wechsel zwischen »Kopf-« und »Hand«-Arbeit.
- Wann ist Zeit für eine Pause?
- An welcher Stelle soll die biblische Besinnung eingeplant werden?

3. Und wer soll das alles erledigen?

- Für die Planung braucht man eine Gruppe von Frauen, die viele unterschiedliche Ideen einbringen und dann auch mit ausführen.
- Es bringt Ruhe in den Ablauf eines Tages, wenn nur eine Frau die Leitung hat und durch das Programm führt.

Einladungen herstellen und gezielt verteilen. Rechtzeitige Anmeldung der Teilnehmerinnen ist wichtig, denn
- jeder Kreis bringt entsprechend der Anzahl seiner Teilnehmerinnen Essen mit. Damit das kalte Buffet auch reichhaltig ausfällt, werden gewünschte Gerichte (Salate, Fleisch usw.) an die einzelnen Frauenkreise verteilt.
- Für Getränke sorgt die gastgebende Gruppe.

4. Abschluß des »Tages der Gemeinschaft«

Damit die Blumendekoration nicht achtlos liegen bleibt, wird sie am Schluß an verschiedene Frauen verschenkt: an die Älteste, die Jüngste, an Geburtstagskinder oder an Frauen, die unter ihrem Stuhl einen farbigen Punkt finden.

DB

27. Frauentage

Frauentage sind in vielen Frauengruppen feste Einrichtungen geworden, weil sie sich im Blick auf Gemeinschaft bewährt haben und bei den Frauen beliebt sind. Für manche alleinstehende Frau ist der Frauentag Höhepunkt im Alltagsleben. Neben größeren und regionalen Treffen ergeben sich Frauentreffen verschiedenster Art. Für alle genannten Modelle ist sorgfältige Vorbereitung wesentlich. Wenn der Frauenkreis sehr klein ist und wenige Mitarbeiterinnen planen müssen, sollten sie es mit einem kleineren Treffen versuchen. Frauenkreise aus anderen Orten bzw. Gemeinden lassen sich gerne einladen. Dazu einige Anregungen in Stichworten:

1) Frauentag am Nachmittag

Zeit: ca. 14.00 bis 17.00 Uhr.

Evtl. ohne Kinderbetreuung oder mit Kinderbetreuung durch andere Mitarbeiter der Gemeinde oder Väter.

Inhalte: Thema als Referat mit Aussprache oder Gruppengesprächen an den Tischen.

Umrahmung mit Musikbeiträgen, gemeinsames Singen, Sprechmotetten oder Anspiele.

Kaffeetrinken zu Beginn, in einer Pause oder als Abschluß.

2) Frauentag zusammen mit einem Offenen Abend

Bewährt haben sich solche Treffen auch als Kombination mit Offenen Abenden für Gäste und junge Frauen, die nachmittags oft verhindert sind.

Zeit: ca. 15.30 bis 17.30 Uhr.

Beginn mit Kaffeetrinken in gemütlicher Atmosphäre (evtl. nur für die älteren Teilnehmerinnen).

Thema und Gestaltung für gemischte Altersgruppe.

Nach einer Pause Imbiß mit genügend Zeit für Gespräche.

Etwa 19.30 Uhr Abendprogramm als Fortsetzung oder Offener Abend oder auch als Gemeindeabend.

Zu empfehlen ist, zwei Tage hintereinander zu gestalten und Möglichkeit zu persönlichen Gesprächen anzubieten.

Wenn diese Treffen als Offene Abende gestaltet werden, sollte ein Büchertisch mit Büchern zum Thema nicht fehlen.

3) Der ganztägige Frauentag

Zeit: vormittags 10.00 bis 11.30 Uhr; nachmittags 14.00 bis 16.00 Uhr.

Inhalte: Referate zum Tagesthema oder Referat und Kurzberichte zum Thema oder aus der Mission.

Zum Einstieg und zur Vertiefung: Anspiele, Sprechmotetten, Dias, Interviews, Bildbetrachtungen, Lesungen, musikalische Beiträge zum Thema und Offenes Singen zu Beginn.

Für Pausen: Gesprächsmöglichkeiten (Gruppen oder persönlich), Filme und Infoserien über Mission etc. (Ruhezonen schaffen), Büchertisch (kurze Hinweise dazu im Programm einbauen).

Mahlzeiten: Mittagessen ca. 12.00 Uhr - Kaffeetrinken 14.00 Uhr oder als Abschluß ca. 15.30 Uhr.

Bei allen genannten Treffen sollte der Aufwand für die Mahlzeiten nicht zu groß sein, damit viele Frauen teilnehmen können, statt in der Küche zu stehen.

ED

4) Ein praktisches Beispiel – Frauentag mit dem Thema »Begegnungen«

Die Planung im Mitarbeiterinnenteam begann ein Jahr vorher. Am Anfang stand der Wunsch, mal etwas intensiver an einem Thema dranbleiben zu können – von morgens 10 bis abends 10. Die grundsätzlichen Vorstellungen wurden geklärt: Es sollte eine Mischung zwischen einem Verwöhntag und einem Glaubensgrundkurs für die Frauen in unseren Gruppen werden, mit viel Zeit zum Reden zwischendurch. Nachdem der Termin feststand und das gewünschte Haus gebucht war, ging es an die detaillierte Planung. Zunächst legten wir das Thema fest. Dann teilten wir es in drei Sinnabschnitte auf: vormittags »Begegnung – mit mir«, nachmittags »Begegnung – mit Gott«, abends »Begegnung – mit anderen«. Und so sah der Tag dann konkret aus:

Thema »Begegnungen«: Ein Tag nur für Frauen – von morgens 10 bis abends 10

10.00 – Ankommen; vorbereitete Herzchen Namensschilder für jede Teilnehmerin beschriften; Kennenlern-Runde mit Wollknäuel; Hinrunde: Was erwarte ich von diesem Tag? Rückrunde: Wovor habe ich Angst?

10.30 – Kurze Einführung ins Thema »Begegnung – mit mir« Arbeitsanleitung für das kreative Gestalten in drei Kleingruppen zu »Mein Lebensbild – mein Lebensgefühl als Pflanze«

a) Arbeiten mit Ton
b) Malen
c) Collagen herstellen

Anschließend: Bildmeditation über Pflanzen; »Du bist wertvoll in meinen Augen«

12.30 – Vorbereitung des Mittagessens (Mitarbeiterinnen bringen Suppen und Baguettes mit)

13.00 – Mittagessen

13.30 – Verschiedene Angebote: Spaziergang, Sport, Basteln

15.00 – Kaffeetrinken (Teilnehmerinnen bringen Kuchen mit)
Zeit zum Gespräch

16.00 – Grundsätzliches zum Thema »Begegnung – mit Gott«
Vorstellung der »Vier geistlichen Tatsachen« von Campus für Christus (aus: *Durchbruch zur Persönlichkeit*)
Vertiefungsgespräche dazu in drei Kleingruppen
Angebot zu Einzelgesprächen

18.00 – Abendessen (Salat, Brot, Käse, Wurst – jede bringt etwas mit)
Zwischendurch Zeit zum Gespräch

19.30 – Einführung ins Thema »Begegnung – mit anderen«
Bibeltext dazu: Gleichnis vom Schalksknecht;
Erarbeitung mit einem Schreibgespräch
Zusammenfassung: Nur durch gegenseitiges Vergeben wird echtes Zusammenleben möglich
Abschluß: Vaterunser-Anspiel
Praktische Übung zur Begegnung mit anderen: verdeckt Herzchen-Namensschilder ziehen – in den nächsten zwei Wochen derjenigen eine kleine Freude bereiten (anonym)

21.30 – »Kugellager-Feedback« (in zwei Stuhlkreisen): Welchen Gedanken nehme ich von diesem Tag mit? Was will ich mir merken? (In vertrauter Runde auch: Was will ich ändern?)

Zwischendurch wurden jeweils Lieder zum Thema gesungen, z.B. »So ist Versöhnung – so muß der wahre Friede sein« etc.; am Büchertisch gab es empfehlenswerte Bücher dazu. ML

28. Die Wochenendfreizeit für den Frauenkreis

Eine Wochenendfreizeit für den Frauenkreis ist gut
- als Höhepunkt im Jahresablauf,
- zum Kennenlernen der Gruppe und der Eingeladenen,
- zur Vertiefung der Gemeinschaft,
- zum ungestörten Hören auf Gottes Wort,
- zum Austausch und Gestalten des Gehörten.

a) Vorschlag für die Gestaltung

Beginn: Samstagnachmittag mit Kaffeetrinken. Wenn es möglich ist, vielleicht noch früher (Mittagessen; Frauen genießen es, mal nicht kochen zu müssen).

Inhalte: Elemente, die gemeinschaftsfördernd sind: Spaziergänge und Wanderungen - gemeinsames Musizieren - viel Singen - geselliges Zusammensein - Feste und Feiern.

Verkündigung, die den Glauben fördert: Glaubensinformationen einschließlich Filme, Diaserien, Kurzandachten, Bibelarbeit (gemeinsam oder in Gruppen), Frage- und Austauschstunden, Gottesdienst (gemeinsam gestaltet), Referate, persönliche Berichte und Erfahrungsaustausch.

b) Wichtige Hinweise:

- Rechtzeitig und gut planen (ob mit Referentin oder ohne).
- Konkrete Absprachen mit dem Haus treffen.
- Für gemütliche Atmosphäre sorgen (evtl. selbst Blumen und Kerzen etc. mitbringen).
- Möglichst viele an der Gestaltung beteiligen.
- Balance finden zwischen Anspannung und Entspannung, gemeinsamen Aktionen und Gruppenplanungen.
- Nicht zuviel hineinpacken.

c) Vorschläge zur Einteilung (bei Nachmittagsbeginn)

Samstag – Ankunft – Zimmerbelegung
15.00 Uhr – Kaffeetrinken – Kennenlernen – Informationen zum Ablauf
16.00 Uhr – Spaziergang – Thema – Singen – Berichte
18.00 Uhr – Abendessen
19.30 Uhr – Abendprogramm: Festlicher oder Bunter Abend
Filme mit Austausch
Referat mit Aussprache
21.00 Uhr – Gemütlicher Ausklang: Ruhebedürftige können sich zurückziehen, wann sie wollen; andere werden den einen Abend gerne ausdehnen und genießen.

Sonntag
7.30 Uhr – Wecken; wenn möglich, mit Musik
8.10 Uhr – Stille Zeit als Vorschlag oder Angebot in einer kleinen Gruppe
8.30 Uhr – Frühstück
9.30 Uhr – Besuch eines Gottesdienstes oder gemeinsam gestalteter Gottesdienst mit verschiedenen Beiträgen der Verkündigung
Spaziergang – Besichtigung
12.00 Uhr – Mittagessen – Mittagspause zur persönlichen Gestaltung
14.00 Uhr – Referat mit Aussprache
Fragestunde und/oder Erfahrungsaustausch
Abschlußfest mit Schlußandacht
15.30 Uhr – Kaffeetrinken mit »Wort auf den Weg«

ED

1) Die große Wochenendfreizeit

Für eine Wochenendfreizeit von Freitagabend (Beginn mit dem Abendbrot) bis Sonntagmittag oder -nachmittag gilt im Prinzip das gleiche. Wichtig sind die rechtzeitige Planung, die genauen Absprachen mit den gebuchten Häusern, regelmäßige Treffen mit dem Mitarbeiterteam und eine sorgfältige Aufgabenverteilung, mit der keine Frau überlastet ist und bei der sich auch die Teilnehmerinnen einbringen können.

2) Eine spezielle Wochenendfreizeit – die Mutter-Kind-Tagung

Ein Programmvorschlag zum Thema »Reden miteinander – Reden mit Gott« von Samstagnachmittag bis Sonntagnachmittag

Samstag

15.30 Uhr	– Kennenlern-Nachmittag mit Spielen
16.30 Uhr	– Thema »Miteinander reden« – Einführung; anschließend Aufteilung in Gesprächsgruppen – währenddessen Kinderbetreuung
18.00 Uhr	– Abendessen
19.00 Uhr	– Gute-Nacht-Geschichte mit Kasperlepuppen; anschließend Ins-Bett-Bring-Zeit der Kinder
21.00 Uhr	– Thema »Reden mit Gott« – Einstieg dazu: Anspiel »Unterbrich mich nicht, ich bete« (aus »5 x 5 zündende Ideen, S. 57 ff.) – Gebete auf Zettel aufschreiben (Bitte um Vergebung, Dank für Bewahrung etc.) und unters Kreuz legen
22.30 Uhr	– Tagesausklang mit Bildmeditation

Sonntag

8.30 Uhr	–	Frühstück
9.30 Uhr	–	Miteinander singen und sich bewegen (Bewegungs- und Spiellieder für alle)
10.00 Uhr	–	Gottesdienst zum Thema »Miteinander reden – und mit Gott«
	–	parallel dazu: Kinderbetreuung – Instrumente herstellen
12.00 Uhr	–	Mittagessen
13.00 Uhr	–	Mittagspause mit Kinderbetreuung
	–	Spiele für Mütter und Kinder, die Lust dazu haben
15.00 Uhr	–	Abschluß mit Kaffeetrinken und »Wort auf den Weg«

3) Eine andere Mutter-Kind-Wochenendfreizeit

Im Gesprächskreis stellten wir fest, daß viele Mütter mit Kleinkindern an ihre Herkunftsfamilie erinnert werden – mit guten und schlechten Erfahrungen. Aus diesem Grund sammelten wir erste Gedanken, wie eine Wochenendfreizeit zu diesem Thema aussehen könnte:

Es soll um frühkindliche Erinnerungen gehen. – Jede soll ein Bild mitbringen aus ihrer Kleinkindzeit. – Wir könnten ein Referat über die Geschwisterkonstellation und den Einfluß auf unsere Entwicklung halten. – Die Teilnehmerinnen sollen angeleitet werden, ihre »Lebenslinie« aufzumalen mit bisherigen Höhe- und Tiefpunkten. – In Kleingruppen könnte jede ihre Geschichte erzählen.

Unser internes Arbeitsthema heißt: »Selbstannahme und

Vergebung« oder: »Versöhnung mit Gott und Menschen«; ausgeschriebenes Thema wurde: »Warum bin ich eigentlich so? – Mit der eigenen Kindheit leben lernen«. Folgendes Programm entstand:

Freitag	Anreise bis 17.30 Uhr
18.00 Uhr	– Abendessen
19.00 Uhr	– Gemeinsamer Spaziergang zur Erkundung des Geländes
19.30 Uhr	– Kennenlern-Gesang
20.00 Uhr	– Gute-Nacht-Geschichte
20.30 Uhr	– Bett-Geh-Zeit für die Kinder
21.00 Uhr	– Wer erkennt wen anhand von Fotos aus der Kinderzeit? – Wir erinnern uns an unsere Kindheit: Jeder erzählt ein fröhliches oder trauriges Erlebnis
22.30 Uhr	– Tagesausklang und Segen

Samstag	
8.30 Uhr	– Frühstück
9.30 Uhr	– Miteinander singen und sich bewegen
10.00 Uhr	– Thema: »Mein Platz in meiner Ursprungsfamilie«
	Kinderprogramm parallel dazu
12.00 Uhr	– Mittagessen
13.00 Uhr	– Mittagspause
	Freie Zeit zum Schwimmen, Spazierengehen, Schlafen . . .
15.30 Uhr	– »Alle Vögel sind schon da« – alle singen, basteln, spielen;
	– »Der ängstliche kleine Spatz« als Diafolge zeigen und Geschichte dazu erzählen

18.00 Uhr	– Abendessen
19.00 Uhr	– Gute-Nacht-Geschichte mit Kasperlepuppen
21.00 Uhr	– Thema: »Meine Lebensgeschichte mit Höhen und Tiefen« – Malen meiner Lebenslinie
22.30 Uhr	– Tagesausklang und Segen

Sonntag

8.30 Uhr	– Frühstück
9.30 Uhr	– Miteinander singen und sich bewegen
10.00 Uhr	– Gottesdienst zum Thema: »Versöhnung mit Gott und Menschen« Kinderprogramm parallel
12.00 Uhr	– Mittagessen
14.00 Uhr	– Wort auf den Weg
15.00 Uhr	– Abreise

ML

29. Mutter-Tochter-Freizeit mit Kindern im Teenageralter

»Mütter und ihre Teenie-Töchter« – ein Freizeitbericht

Power war angesagt: Zwölf energiegeladene Teenies und zwölf dazugehörige Mütter hatten sich auf eine Tagung und aufeinander eingelassen.

Im Alter zwischen dreizehn und sechzehn scheint ja die Mutter-Tochter-Beziehung, von Ausnahmen abgesehen, eher von Auseinandersetzungen als von Harmonie geprägt zu sein. Die

Ablösungsphase tut beiden – Müttern und Töchtern – oft weh. Um sich mal klarzumachen, woher die meisten Probleme miteinander kommen, hatten wir diesmal das Thema »Kommunikation« gewählt. Nicht nur ein schwieriges Wort, sondern auch schwierig umzusetzen, meinten fast alle Teilnehmerinnen am Kennenlern-Abend.

Aber erst einmal haben wir kleine Zweiergruppen gebildet, uns über Name und Interessen befragt und uns dann gegenseitig im Plenum vorgestellt. Dabei hat jede den Namen derjenigen, die gerade dran war, in Kreuzworträtsel-Art mit den anderen verbunden. Zum Schluß war ein ganzes Netzwerk entstanden und die Hoffnung, daß wir gut miteinander in diesen Tagen zurechtkommen würden. Jede Mutter und jede Tochter malte dann noch in einem Symbol etwas Typisches zu ihrem Namen. – Nach der Abendliturgie hatten wir noch lebhafte Gespräche im Kaminraum, bis es endgültig Zeit zum Schlafen war.

Am nächsten Morgen gings dann gleich zur Sache. Nach einem Loriot-Sketch über Kommunikationsstörungen und einer kurzen Einführung in die alte biblische Geschichte vom Turmbau zu Babel überlegte jede für sich, was ihr manchmal Probleme macht mit der Kommunikation. Auf Schuhkartons schrieben wir, was uns oft hindert, miteinander zu reden. Anschließend bauten wir die Kisten zu einer Mauer auf. »Keine Lust und zu wenig Zeit« stand zum Beispiel auf einem Karton, »Trotz – verschiedene Meinungen«, »Mangelnde Akzeptanz und Vorurteile«, »Nähe-Distanz-Problem«, »Kontrollzwang« sowie »Ungeduld – Unverständnis« auf anderen. Ungewöhnlich oft kam auch das Stichwort »Fernsehen« als Kommunikationskiller vor.

Zwei Töchter und eine Mutter lasen vor, was da alles stand – uns erschreckten die vielen Barrieren, die uns nicht miteinander reden lassen. Um die Sprache wiederzufinden, schrieben wir uns als nächste Übung gegenseitig Zettelchen, die alle einen gemeinsamen Anfang hatten: »Was ich dir schon immer mal sagen wollte ...«, »Was mich manchmal an dir nervt ...« und »Was ich mir von dir wünsche ...« Da war Gelegenheit, außerhalb einer akuten Konfliktsituation darüber nachzudenken, wo die »Knackpunkte« sind. Dann tauschten wir die Zettelchen ohne jeden Kommentar aus und ließen die Botschaften auf uns wirken. Über manches konnte ich nur staunen. Ich freute mich, was meine Tochter mir schon immer mal sagen wollte; anderes machte mich traurig und nachdenklich. (Daß ich da nicht selbst drauf gekommen bin!) Manchmal ist man in einer engen Beziehung wohl blind füreinander.

Nach einer kurzen Besinnungsphase schenkten wir uns dann eine Stunde Zeit. Die Aufgabenstellung war klar: »Setzt euch als Mutter und Tochter mal ganz bewußt einander aus. Redet über das, was ihr euch gegenseitig aufgeschrieben habt. Oder schweigt miteinander. Ihr könnt dabei spazierengehen oder euch irgendwo eine ruhige Ecke im Haus suchen.«

Für meine Tochter und mich war es ein herrlicher Spaziergang. Wir entdeckten zugefrorene Bachläufe, ein kristallweiß überzogenes Feld – und uns. Wir erinnerten uns an schöne Erlebnisse miteinander und an Stunden, in denen wir uns weh getan haben. »Es tut mir leid, daß ich dich da so verletzt habe. Verzeih mir bitte. Was kann ich in einer ähnlichen Situation besser machen?« Wir suchten gemeinsam nach Lösungen und Veränderungsmöglichkeiten – ohne Hektik, einfach beim Weitergehen. Es war schön, aber auch anstrengend, sich so offen einander auszusetzen.

Nach der Mittagspause war dann entspanntes gemeinsames Tun angesagt: Ohrgehänge aus Silberdraht biegen, Fimo-Ketten basteln oder Briefumschläge aus Illustriertenwerbung falten.

Bunt gemischt saßen Mütter und Töchter in den jeweiligen Arbeitsgruppen und hatten viel Spaß miteinander. Ungeahnte Talente brachen durch, und immer wieder waren kreative Schöpfungen zu bewundern.

Abends probierten wir nach einer kurzen Einführung in vier Kleingruppen neue Gesprächsregeln aus. Eine Aufgabe war, zunächst alles zu wiederholen, was die andere gesagt hatte, um sicherzugehen, daß man es auch richtig verstanden hatte. Es gab manche Lachsalven, weil einige sich wie Papageien vorkamen, wenn es immer wieder hieß: »Du hast gesagt, daß du . . .« Erstaunlich fanden wir, daß es oft bei diesem »konzentrierten Zuhören« zu guten Lösungen kam. Aber ob man das in der Praxis wirklich anwenden würde? Danach spielten wir eine echte Konfliktsituation aus unserem Leben nach. Bevor es zur Eskalation der Gefühle kam, lernten wir als »Stopschild« einige wichtige Sätze: »Danke, daß du mir das gesagt hast. Ich werde darüber nachdenken. Aber ich bin nicht dazu auf der Welt, um so zu sein, wie du es gerne möchtest.« – Wir mußten erst einmal lachen, aber dann merkten wir, wie gut dieses Innehalten in einem ernsten Konflikt ist. Diese Sätze geben beiden Streithähnen die Chance, sich zurückzunehmen und dann – vielleicht nach einer verabredeten Pause – das Thema noch einmal sachlicher anzugehen.

Am nächsten Tag setzten wir uns in getrennten Mütter- und Töchter-Runden zusammen. Wir versuchten herauszubekommen, warum es manchmal so schwierig ist, eine gemeinsame Basis zu finden. Die Töchter hatten getrennt von uns eine Ansprechpartnerin, mit der sie ihre Fragen besprechen konnten. Bei uns Müttern ging es dann sehr schnell um die Schwierigkeiten, die wir in dieser Hinsicht mit unseren eigenen Müttern hatten und inwiefern das auch die Beziehung zu unseren Töchtern beeinflußt. Manches, was da an Erinnerungen hochkam, schmerzte. Gut, daß wir uns darin bestärken konnten, daß Heilungsprozesse in Gang kommen können, wenn wir einander vergeben. Aber manchmal dauert so etwas schon eine Weile, und da brauchen wir Geduld miteinander. Und, natürlich, das kennen wir auch von uns: Jede Mutter meint es ja nur gut! Daß aber etwas gut Gemeintes beim anderen ganz anders ankommen kann, haben wir alle ja mehr oder weniger drastisch in der eigenen Kindheit erlebt . . .

Nach einem Spaziergang stürzten sich Mütter und Töchter noch einmal auf die kreativen Angebote. Anschließend bereiteten wir gemeinsam unser Fest vor. Einige schmückten den Raum, andere übten Anspiele ein, und viele halfen in der Küche mit, daß es ein richtig internationales Festessen werden konnte. Es duftete schon vorher verführerisch durch alle Ritzen nach italienischer Lasagne, griechischem Salat mit Schafskäse, Chinakohl und knusprig gebackenem französischem Baguette. Als Nachtisch gab es süßen Reis mit Zimt und Mandeln aus Indien und Kirsch-Quarkspeise aus Deutschland.

Bevor wir die Köstlichkeiten genießen konnten, zogen wir mit einem Schreittanz in den hübsch dekorierten Festsaal zur »Internationalen Begegnung« ein und stellten uns in unseren Verkleidungen mit dazu ausgedachten Namen vor: Scheich Irinius war mit seiner Frau Samira aus der Sahara angereist, Al Capone kam aus Texas und Iwan Iwanowitsch mit Ninotschka aus Kirgisien. Hochwürden Pater Enomisius und Putzfrau Trude aus Hamburg-Barmbeck verstanden sich auf Anhieb, und das ernsthaft-lustige Wortgeplänkel sorgte für Heiterkeit auf allen Plätzen. Spiele, Lieder und Sketche wechselten sich ab, bis mit der Geschichte von den Swabedoodahs der fröhliche Fest-Abend ausklang.

Am letzten Tag beschäftigte uns die biblische Geschichte von der Heilung eines Taubstummen. Wir versuchten nachzuempfinden, wie es diesem Mann ergangen sein muß, abgeschnitten von aller Kommunikation. Dann überlegten wir für uns: »Was macht mich taub? Was macht mich stumm?« Wir erinnerten uns daran, daß Jesus möchte, daß wir heil werden, und nahmen sein Angebot und seine Vergebung im gemeinsam gefeierten Abendmahl an. Mit dem Friedensgruß »Der Friede Gottes sei mit dir!« – »Und mit dir!« gaben wir uns zum Schluß noch gute Wünsche und den Segen Gottes mit auf den Weg.

Unsere Erfahrung: Wichtig ist, daß man sich hin und wieder mal aus dem Gesamtverband Familie ausklinkt, um etwas für die Pflege der Einzelbeziehung zu tun. Das gilt natürlich genauso für Väter und Söhne, Väter und Töchter, Mütter und Söhne. Die Botschaft, die wir dadurch vermitteln, heißt: »Gerade du bist mir wichtig, ich möchte dich besser kennenlernen, ich will dich verstehen.« Wenn Kinder merken, daß diese Grundbereitschaft da ist, ist eine gute Ausgangsbasis für faire Auseinandersetzungen geschaffen, auch für schwierige Situationen, von denen in der Pubertät wohl niemand ganz verschont bleibt.

ML

30. Feste

Feste und Feiern gehören zu den Höhepunkten im Jahreslauf. Egal, ob es als Frühlings-, Sommer-, Herbst- oder Winterfest geplant wird: Ein Fest ist ein Tag der Gemeinschaft, der uns miteinander von einer ganz anderen Seite bekannt macht. Neue Kontakte können hier angeknüpft werden, wenn man offen füreinander ist. Der lockere Rahmen trägt zum Kennenlernen und Miteinander-Reden bei. Trotzdem sollte ein Fest nicht nur so als

»Bunter Abend« mit viel Jux vor sich hin plätschern, sondern auch ein konkretes Anliegen zum Ziel haben. Viele gute Vorschlage stehen in »Fröhliche Runde mit Senioren« von Marie Jürgenmeyer (Francke Verlag, Marburg 1995) und in »Feste feiern mit Pfiff« von Johannes Osberghaus (Hänssler-Verlag, Neuhausen-Stuttgart 1992).

1) Ein Festabend

Eine gute Möglichkeit, sich besser kennenzulernen, ist zum Beispiel auch ein »Festabend« oder »Kulturabend«, zu dem jede Frau einen Beitrag zum kalten Buffet (verschiedene Salate, Brot, Wurst- oder Käseplatte) und etwas ganz Persönliches mitbringen soll.

Nach dem gemütlichen gemeinsamen Essen und Unterhalten wird dann das »persönliche Mitbringsel« vorgestellt:

- Das kann eine Blume sein, die sie selbst gezogen hat;
- ein Gedicht, das sie sehr bewegt;
- ein Plüschtier, das ihr seit sehr langer Zeit vertraut ist;
- ein Tanz, den sie den anderen beibringen möchte;
- eine Geschichte, die ihr Mut gemacht hat;
- ihr Terminkalender, den sie manchmal liebt und manchmal haßt;
- ein Lied, das sie den anderen vorspielt, wobei sie sagt, warum es ihr so gut gefällt;
- ihr erstes selbstgebatiktes Tuch, dessen Farben und Formen sie den anderen erklärt;
- eine Dose Plätzchen, die sie mit Liebe selbst gebacken hat;
- eine Sammlung von Spruchkärtchen, von denen sich jede eins aussuchen darf.

Es ist erstaunlich, wieviel unerkannte Begabungen durch so einen Abend zum Vorschein kommen und wieviel man dadurch von den Ängsten und Wünschen, Problemen und Sehnsüchten jeder Frau kennenlernt. ML

2) Ein »Sommernachtstraum«

Hier noch ein Fest-Vorschlag mit einem konkreten Thema, das in lockerer Form die Wünsche und Sehnsüchte der Frauen zum Vorschein bringt:

Thema: Mein Sommernachtstraum
Text: »Ich habe einen Traum« von Martin Luther King
Zielgedanke: Nur wer träumen kann und eine Vision hat, kann etwas bewegen.

Einstieg

Ein Eisbuffet ist aufgebaut (verschiedene Eissorten auf Tabletts, dazu Schälchen mit Schokoraspeln, gehackten Mandeln und Nüssen, kleingeschnittenen Früchten und Sahne), an dem jede Frau individuell ihren »Sommernachtstraum-Eisbecher« zusammenstellen kann. Beim Eis-Schlecken können die Frauen schon mal ins Erzählen und Schwärmen kommen . . .

Danach darf jede Teilnehmerin auf kleinen roten Notizblock-Zetteln je einen »Wunschtraum« aufschreiben. (Es kann ruhig etwas Unrealistisches sein, z.B. »Ich möchte fliegen können« oder »Endlich mal ein ganzes Jahr Urlaub machen«.) Die Zettel werden in einen Korb gelegt. Nun kann jede Frau einen Zettel aus dem Korb ziehen, den Wunsch darauf vorlesen und ihre Meinung dazu äußern (z.B. »Das kann ich gut verstehen, weil . . .« oder: »So etwas würde mir nie einfallen, weil . . .«).

Erarbeitung

Wir haben oft viele Träume – und das ist gut so. Beim Träumen atmet die Seele ihre Wünsche und Sehnsüchte aus. Wir sollten auch mal auf ganz verrückte Ideen in uns hören, sie wahrnehmen und darauf achten, was eventuell doch zu verwirklichen ist – und dann langsam Abschied von den ganz unrealistischen Dingen nehmen. Sich einzugestehen, daß solche Wünsche da sind, ist sehr wichtig.

Der zweite Schritt: Auf kleinen blauen Zetteln werden Wunschträume aufgeschrieben, die sich vielleicht doch realisieren lassen, wenn man bereit ist, sich dafür einzusetzen. Einer der aufgeschriebenen Wünsche wird ins Plenum (Alternative: in Zweiergruppen) eingebracht.

- Warum ist mir dieser Wunsch so wichtig?
- Wie könnte er in Erfüllung gehen?
- Wer könnte dabei helfen?

Hier können die Frauen sich gegenseitig ermutigen, diejenigen Personen anzusprechen, die zur Erfüllung ihres Traums beitragen können.

Der Text »Ich habe einen Traum« von Martin Luther King wird verteilt und vorgelesen. Die Teilnehmerinnen unterstreichen dabei die Worte oder Halbsätze, die sie besonders berühren und ansprechen.

Ein Gespräch im Plenum über das, was bei jeder Frau als Besonderheit des Textes »hängengeblieben« ist, schließt sich an.

Abschluß

Wer einen Traum, eine Vision hat, der kann etwas bewegen. Er beschäftigt sich mit dem, wie die Dinge sind und in welche Richtung er sie gern verändern möchte. Er spielt mit seinen Gedanken und findet oft ganz verblüffende Lösungen. Das hat Martin Luther King erlebt. Seine Sehnsucht nach Frieden und Gerechtigkeit hat ihn ganz neue Wege finden lassen, auf denen mit gewaltlosem Widerstand die festgeschriebene Rassentrennung in Frage gestellt wurde.

Und als Wichtigstes: Gott ist derjenige, der uns die Kreativität geschenkt hat. Er gibt uns damit die Chance, vorher ungeahnte Ideen zu entwickeln. Er ist bei uns, wenn wir von großen Dingen träumen, die wir in unserem kleinen Leben gern bewegen wollen, und er ist bei uns, wenn wir in Schwierigkeiten stecken und es kaum schaffen, über unsere eigene Not hinwegzublicken.

Als Segensgebet zum Schluß können die Worte von Martin Luther King vorgelesen werden:

»Komme, was mag – Gott ist mächtig!
Wenn unsere Tage verdunkelt sind und unsere Nächte finsterer als tausend Mitternächte,
so wollen wir stets daran denken, daß es in der Welt eine große, segnende Kraft gibt, die Gott heißt.
Gott kann Wege aus der Ausweglosigkeit weisen.
Er will das dunkle Gestern in ein helles Morgen verwandeln – zuletzt in den leuchtenden Morgen der Ewigkeit.«

ML

(aus: Margit Lambach (Hrsg.), *5 x 5 zündende Ideen für Frauengesprächskreise,* R. Brockhaus Verlag, Wuppertal 1995)

Von der gleichen Herausgeberin:

5 × 5 zündende Ideen für Frauengesprächskreise

128 Seiten, RBtaschenbuch Bd. 513, Bestell-Nr. 220 513

Beim Stichwort »Frauenkreis« fielen einem früher kaffeetrinkende ältere Damen ein, die im sommer eine Fahrt ins Blaue machten und im Winter für einen wohltätigen Basar Topflappen und Gesangbuchhüllen häkelten. Und wenn einmal im Monat der Herr Pfarrer kam, gab's eine Andacht, mal über ruth, mal über Lydia.

Dieses Bild ist karikiert. Nicht übertrieben ist aber, daß sich die kirchliche und außerkirchliche Landschaft, was Frauenarbeit betrifft, in den letzten Jahren radikal verändert hat.

Wie Pilze schießen neue Frauengesprächskreise aus dem Boden. Die Frauen, die sich hier treffen, fragen nach ihrer Identität, nach einer Perspektive für ihr Leben, auch als Familie, und nach Dingen, auf die erst »dumme« Kinderfragen sie wieder gebracht haben. Daß ihnen die Bibel und das Gespräch mit Christinnen dabei eine Hilfe sein könnten, hätten viele von ihnen noch vor kurzem nicht für möglich gehalten.

Dieses Buch ist eine Arbeitshilfe für Frauen, die solche Gesprächskreise leiten. Mitgearbeitet haben u.a. Brunhilde Blunck, Claudia Filker, Dorothea Hille, Hannelore Risch und Birgit Schindler.

R. BROCKHAUS VERLAG WUPPERTAL